NOÇÕES DE DIREITO

para o Exame de Suficiência do CFC

Bacharel em Ciências Contábeis

O livro é a porta que se abre para a realização do homem.

Jair Lot Vieira

Luciana Zacharias Coelho

NOÇÕES DE DIREITO

PARA O EXAME DE SUFICIÊNCIA DO CFC
PARA BACHAREL EM CIÊNCIAS CONTÁBEIS

- CONSELHO FEDERAL DE CONTABILIDADE
- Elaborado de acordo com a Resolução nº 1301, de 17 de setembro de 2010, do Conselho Federal de Contabilidade

NOÇÕES DE DIREITO
para o Exame de Suficiência do CFC
Luciana Zacharias Coelho

1ª edição 2011

© desta edição: *Edipro Edições Profissionais Ltda.* – *CNPJ nº 47.640.982/0001-40*

Editores: Jair Lot Vieira e Maíra Lot Vieira Micales
Produção editorial: Murilo Oliveira de Castro Coelho
Revisão: Sandra Mara Doretto
Arte: Karina Tenório e Simone Melz

Dados de Catalogação na Fonte (CIP) Internacional
(Câmara Brasileira do Livro, SP, Brasil)

Coelho, Luciana Zacharias
 Noções de direito para o exame de suficiência do CFC : bacharel em ciências contábeis : elaborado de acordo com a resolução n. 1301, de 17 de setembro de 2010, do Conselho Federal de Contabilidade / Luciana Zacharias Coelho. – São Paulo : EDIPRO, 2011. – (Coleção exame de suficiência do Conselho Federal de Contabilidade (CFC))

Bibliografia.
ISBN 978-85-7283-697-5

1. Contabilidade I. Título. II. Série.

11-07089   CDD-657

Índices para catálogo sistemático:
1. Contabilidade : Exame de suficiência 657
2. Exame de suficiência : Contabilidade 657

edições profissionais ltda.
São Paulo: Fone (11) 3107-4788 – Fax (11) 3107-0061
Bauru: Fone (14) 3234-4121 – Fax (14) 3234-4122
www.edipro.com.br

Sumário

Apresentação 9

capítulo 1 Noções de direito público e privado
   1.1. Conceito de Direito 11
   1.2. Direito e moral 12
   1.3. Direito objetivo e direito subjetivo 13
   1.4. Direito positivo e direito natural 15
   1.5. Direito público e direito privado 16
   1.6. Fontes do Direito 17
   1.7. Fases da lei 19
   1.8. Questões de exames 20

capítulo 2 Noções de direito do trabalho e legislação trabalhista
   2.1. Considerações gerais 23
   2.2. Contrato individual de trabalho 25
   2.3. Remuneração e salário 29
   2.4. Alteração, suspensão e interrupção, rescisão e aviso prévio e estabilidades. 31
      Rescisão imotivada por iniciativa do empregador 32
      Rescisão com justa causa por iniciativa do empregador 32

Rescisão imotivada por iniciativa do empregado 32
Rescisão motivada, a pedido do empregado 33
Aposentadoria 33
Ruptura por culpa recíproca 33
Rescisão de contrato por prazo determinado 33
Aviso prévio 33

2.5. Associação sindical, contribuição sindical e contribuição confederativa e convenção coletiva do trabalho. 35

2.6. Conceitos de arbitragem 37

2.7. Questões de exames 39

capítulo 3   **Noções de direito empresarial e legislação societária**

3.1. Evolução histórica e conceito 47

3.2. Empresário individual e Sociedades empresárias 48

3.3. Administração societária 55

3.4. Dissolução parcial ou total da sociedade 57

3.5. Insolvência, recuperação empresarial, falência e liquidação 58

3.5.1. Falência 59

3.5.2. Recuperação judicial e extrajudicial 63

3.6. Questões de exames 66

capítulo 4   **Noções de direito tributário e legislação tributária**

4.1. Sistema Tributário Nacional e Código Tributário Nacional 75

4.2. Competência tributária 78

4.2.1. Competências da União (CF/88, arts. 153, 154, 145, 148, 149 e 195) 79

4.2.2. Competências dos Estados e do DF (CF/88, art. 155) 81

4.2.3. Competência dos Municípios (CF/88, art. 156) 81

4.3. Receitas Públicas e Tributos 81

4.3.1. Modalidades de lançamento: 84
4.4. Impostos, taxas e contribuições. 85
4.5. Questões de exames 88

Referências 95

Apresentação

A obra aborda conceitos essenciais sobre a ciência do direito, coadunando-se com o que é exigido no Exame de Suficiência do Conselho Federal de Contabilidade e propiciará ao candidato um panorama geral acerca do ordenamento jurídico.

Dividido em quatro capítulos, abrange: noções de direito público e privado; noções de direito do trabalho e legislação trabalhista; noções de direito empresarial e legislação societária; noções de direito tributário e legislação tributária.

Redigido de forma clara e concisa, o texto oferece conhecimentos sobre os principais tópicos de cada disciplina abordada, bem como referências que remetem à legislação brasileira aplicável aos temas propostos. Questões objetivas ao final dos capítulos permitem a verificação de aproveitamento do conteúdo estudado, e jurisprudências selecionadas ilustram a incidência das normas em casos concretos. Assim sendo, a obra agrega doutrina, legislação, e questões de aplicação, consistindo em importante ferramenta de estudos para a preparação do candidato ao Exame de Suficiência do CFC.

capítulo · 1

Noções de direito público e privado

1.1. CONCEITO DE DIREITO

Embora a palavra Direito comporte diversas acepções, podendo significar um fato social, uma ciência ou uma prerrogativa, no mais das vezes se identifica com a ideia de norma, ou seja, como um conjunto de regras a serem seguidas a fim de garantir a convivência e a paz da sociedade, ao estipular limites no que tange à ação de seus membros. Afirma Miguel Reale (2010, p. 2) que "[...] o Direito corresponde à exigência essencial e indeclinável de uma convivência ordenada, pois nenhuma sociedade poderia subsistir sem um mínimo de ordem, de direção e solidariedade".

Em um passado remoto, tem-se notícia da imposição de determinados comportamentos aos grupos sociais por algum tipo de poder preestabelecido. Sendo o homem um ser gregário, é natural que do convívio surjam inúmeros conflitos pessoais ou patrimoniais entre os indivíduos, os quais carecem de solução adequada. Se num primeiro momento vigorou a lei do mais forte, em cujas mãos se encontrava o destino de tudo e todos, o passar dos anos e o surgimento de novas descobertas permitiram que os mais sábios – detentores de maior conhecimento – ou mesmo os mais anciãos, em função de sua larga experiência de vida, passassem a ditar as regras para o comportamento humano.

À medida que os grupos se tornam mais numerosos e complexos, faz-se necessária uma maior organização para elaborar, aplicar e fazer cumprir as normas, bem como definir suas respectivas sanções, assim entendidas como as consequências negativas impostas a quem violasse as regras de conduta vigentes.

É a partir desta complexização das relações intersubjetivas que o Estado toma para si o poder de jurisdição (*juris dictio*, "dizer o direito"), e procura assegurar o bem comum, mediante imposição de algumas limitações às condutas individuais. Para Ricardo Teixeira Brancato (2009, p. 1), "[...] pode-se dizer que o direito é a ordenação da conduta humana em sociedade, por meio de normas coercitivamente impostas pelo Estado e garantido por um sistema de sanções peculiares".

Assim sendo, procura o Poder Público estabelecer comportamentos permitidos e proibidos, sempre buscando harmonizar os interesses particulares com o bem estar da coletividade, prevenindo e solucionando eventuais litígios que possam advir das relações humanas. A ordem jurídica se faz manter, inclusive, mediante aplicação de sanções àqueles que se furtem ao cumprimento das normas, por meio da força coercitiva do Estado, que não apenas impõe determinados comportamentos, como também cuida para que estes sejam devidamente observados.

1.2. DIREITO E MORAL

Direito e moral não se confundem. Ambos referem-se a regras de conduta, porém as regras morais possuem aspectos mais abrangentes, relativos ao comportamento dos indivíduos no que concerne à sua própria consciência, perante a família, preceitos religiosos e ético-sociais, dentre outros. A moral visa ao bem individual e valores próprios, e pressupõe conduta espontânea, vontade de atender ao mandamento devido, não possuindo força coercitiva, posto que ninguém pode ser obrigatoriamente forçado a ser uma boa pessoa ou agir de acordo com os ditames da ética.

O direito, por sua vez, é coercível, sendo lícito dizer que, se um sujeito infringe a norma jurídica posta pelo poder estatal, sofrerá inevitavelmente as consequências negativas por ele determinadas, ainda que contra sua vontade, pois o Estado pode valer-se de sua força não só para editar a norma jurídica como também para assegurar que esta seja cumprida. O direito visa ao bem social e valores de convivência.

A moral é autônoma e o direito é heterônomo, isto é, as regras morais manifestam-se de dentro para fora, são determinadas pelo próprio indivíduo e pelos valores que lhe são caros, ao passo em que as regras jurídicas manifestam-se de fora para dentro, provêm de outro ente, qual seja, o Estado, que impõe ao indivíduo um comportamento a ser observado.

Distinguem-se também quanto à sanção, que, no caso de violação de regra moral, é mais internalizada, limita-se geralmente a sentimentos de remorso, consciência pesada ou mesmo reprovação social, enquanto a violação de regra jurídica gera a aplicação de sanção organizada e preestabelecida pelo ordenamento, externa e mais enérgica, submete o agente a penalidades que podem variar de acordo com a gravidade do bem violado.

1.3. DIREITO OBJETIVO E DIREITO SUBJETIVO

Diz-se que direito objetivo é *norma agendi* (norma de agir) e que direito subjetivo é *facultas agendi* (faculdade ou prerrogativa de agir). Melhor esclarecendo, trata o direito objetivo das normas definidas na ordem jurídica e estabelecem determinados padrões de comportamento ao informar o indivíduo dos direitos que lhe são assegurados, das proibições e limitações às quais se encontra submetido, enfim, é o conjunto de regras que nasce da vontade social no sentido de obrigar o homem, de modo imperativo, geral e abstrato, à observância do ordenamento posto, sob pena de sofrer sanções em caso de violação. Para Maria Helena Diniz (2010)

> O direito objetivo é sempre um conjunto de normas impostas ao comportamento humano, autorizando o indivíduo a fazer ou não fazer algo. Estando, portanto, fora do homem, indica-lhe o caminho a seguir, prescrevendo medidas repressivas em caso de violação de normas (p. 251).

Por sua vez, o direito subjetivo nasce da vontade individual, da prerrogativa que possui o sujeito de invocar a proteção da norma abstrata e genérica existente para o seu caso concreto e os conflitos que vivencia no mundo fático. Ao ter seus interesses violados, o titular tem a faculdade de buscar no ordenamento jurídico os meios para se defender e fazer cessar a lesão. Consiste o direito subjetivo, pois, no interesse juridicamente tutelado.

A título de exemplificação, tome-se a seguinte hipótese: é sabido que nossa legislação constitucional e civil ampara a figura dos filhos, incumbe aos pais o dever de educá-los, guardá-los e sustentá-los, há determinação para pagamento de pensão alimentícia pelos genitores nos casos previstos em lei. Estas normas de direito objetivo estabelecem regras e comportamentos válidos para todos aqueles que estão inseridos no mesmo contexto, mas é plausível afirmar que nem todos os filhos – embora possuam o direito subjetivo de buscar a satisfação de seus interesses e invocar a aplicação da norma jurídica genérica ao seu caso específico – ajuizarão ações alimentícias contra seus genitores.

As relações jurídicas são estabelecidas entre sujeitos de direito, e têm por objeto um bem ou um interesse. Somente as pessoas, físicas (naturais) ou jurídicas (morais), possuem aptidão para ser titulares de direitos e obrigações na ordem civil, pois a elas se atribui personalidade jurídica.

As pessoas naturais têm o início da sua personalidade jurídica no nascimento com vida. A capacidade é a medida da personalidade. Todos possuem capacidade de direito, ou seja, podem ser sujeitos de direitos e deveres na ordem civil, mas nem todos possuem capacidade de fato ou exercício, que é o necessário discernimento para praticar por si só os atos da vida civil. Alguns são absolutamente incapazes, precisam ser representados por outrem na prática de atos jurídicos: os menores de 16 anos (desde que não emancipados); os enfermos e deficientes mentais sem discernimento e aqueles que, ainda que por causa transitória, não possam expressar sua vontade. São relativamente incapazes e devem ser assistidos na prática de atos jurídicos: os maiores de 16 e menores de 18 (desde que não emancipados), os ébrios habituais, os toxicômanos, os deficientes mentais com discernimento reduzido, os excepcionais sem desenvolvimento mental completo e os pródigos (CC – Código Civil, arts. 3º e 4º).

Por sua vez, as pessoas jurídicas são entes dotados de personalidade jurídica que visam à consecução de certos fins. No caso das pessoas de direito público, o início de sua personalidade relaciona-se a fatos históricos, criação constitucional e tratados internacionais; as pessoas de direito privado nascem com o registro de seus atos constitutivos. São pessoas jurídicas de direito público:

a) externo: nações estrangeiras, Santa Sé e organismos internacionais;

b) interno: União, Estados, Municípios e DF (administração direta), autarquias e fundações públicas (administração indireta).

São pessoas jurídicas de direito privado:

a) associações;

b) sociedades;

c) fundações particulares;

d) organizações religiosas e partidos políticos (CC, arts. 41, 42 e 44).

1.4. DIREITO POSITIVO E DIREITO NATURAL

Direito positivo é o ordenamento jurídico em vigor num determinado país, em uma determinada época. Por ser um fenômeno social, o direito é dinâmico e se transforma constantemente, visa a acompanhar o desenvolvimento das relações intersubjetivas, o progresso cultural, tecnológico e científico, refletindo, assim, os anseios da sociedade inserida em dado espaço geográfico e período temporal. A ideia de direito positivo incide na de "direito posto", ou seja, determinado pelo Estado, o qual se vale do poder de jurisdição para regulamentar padrões de conduta e estabelecer sanções em caso de violação de normas e interesses protegidos pela ordem jurídica.

Enquanto o direito positivo emana do poder do Estado, legitimado pela vontade social e solidificado em leis escritas, o direito natural decorre da natureza humana e de sua capacidade de percepção daquilo que é bom ou mau, justo ou injusto, certo ou errado, em qualquer época ou lugar, consiste, pois, em uma ordem universal, ideal e permanente, refere-se aos ideais de justiça e aos valores que a sociedade visa a concretizar. Estando ou não expressos na legislação vigente, tais ideais e valores imutáveis inspiram e norteiam a elaboração do direito positivo, o qual comporta variações constantes, tendo em vista as particularidades históricas, políticas, culturais e econômicas de cada povo, cuja realidade irá reger.

1.5. DIREITO PÚBLICO E DIREITO PRIVADO

O Direito é uno, mas para fins didáticos, comporta subdivisões que propiciam uma visão mais ampla do fenômeno jurídico. Dois grandes ramos são o direito público e o direito privado, sendo aquele concernente à tutela de interesses predominantemente coletivos e este relativo à regulamentação dos interesses dos particulares.

Para Sérgio Pinto Martins (2010),

> O Direito Público envolve a organização do Estado, em que são estabelecidas normas de ordem pública, que não podem ser mudadas pela vontade das partes, como a obrigação de pagar tributos. Já o Direito Privado diz respeito ao interesse dos particulares, às normas contratuais que são estabelecidas pelos particulares, decorrentes da manifestação de vontade dos interessados. (p. 9)

O direito público, por sua vez, desdobra-se em diversos outros ramos, como o direito constitucional, administrativo, tributário, penal, processual, internacional, econômico, dentre outros. O direito privado refere-se ao direito civil, que regulamenta questões pertinentes às pessoas naturais e jurídicas, patrimônio, vínculos obrigacionais, casamento e sucessão, e também ao direito de empresa, este último contemplado com um livro especial contido no atual Código Civil e que trata da atividade empresária.

Alguns autores mencionam a existência de um terceiro ramo, denominado direito misto, para abarcar o direito do trabalho, tendo em vista suas particularidades no sentido de reger relações privadas entre trabalhadores e empregadores, porém submetido a diversas normas de ordem pública, fora do âmbito de negociação entre as partes, como, por exemplo, a proibição de pagamento de salários inferiores ao mínimo e a obrigatoriedade de concessão de férias, décimo-terceiro salário e recolhimento de FGTS, definidas pelo legislador.

1.6. FONTES DO DIREITO

Fonte é origem, nascedouro. A fonte material do direito é o Estado, que detém o poder de jurisdição e possui competência para gerar as normas jurídicas, em diversas esferas. Porém, o direito pode exteriorizar-se de várias formas, sendo a mais usual delas a lei.

A lei é fonte formal e direta (imediata) do direito, é considerada, em sentido amplo, como norma que emana do poder estatal. É imperativa, pois possui caráter obrigatório; é geral, porque alcança todas as pessoas indistintamente; e é abstrata, pois não regula condutas específicas, mas sim uma categoria de condutas. A lei maior do ordenamento jurídico brasileiro é a Constituição Federal, que traça a estrutura normativa do Estado, seus princípios e diretrizes básicas, os direitos e garantias fundamentais, dentre outros tópicos, e não pode ser contrariada por nenhuma legislação infraconstitucional.

Existem diversas espécies normativas presentes no ordenamento, hierarquicamente organizadas, a saber:

a) Emendas constitucionais: sua edição condiciona-se a certas limitações e depende de procedimentos complexos e específicos. Modificam o texto constitucional, mas algumas cláusulas denominadas "pétreas" não podem sofrer alteração, como a forma federativa de Estado, o voto direto, a separação dos Poderes e os direitos e garantias fundamentais (CF/88, art. 60, § 4º).

b) Leis complementares: complementam o texto constitucional e dá tratamento específico a questões elencadas pelo legislador no bojo da Constituição. Exigem *quorum* específico para aprovação.

c) Leis ordinárias: tratam de assuntos de interesse geral que mereçam regulamentação própria. Podem emanar do Poder Legislativo federal (Congresso Nacional), estadual (Câmara dos Deputados) ou municipal (Câmara dos Vereadores).

d) Leis delegadas: conferem ao chefe do Poder Executivo (Presidente da República) o poder de elaborar leis de conteúdo técnico, que não sejam de competência exclusiva do Congresso Nacional.

Pode ocorrer, inclusive, a hipótese de um determinado tema não estar contemplado pela legislação vigente, mas essa omissão não pode deixar o jurisdicionado sem uma solução adequada para seu caso concreto. Assim sendo, existem técnicas de integração da norma jurídica, que permitem ao juiz, na falta de disposição legal pertinente a um assunto, valer-se da analogia, dos costumes e dos princípios gerais de direito para preencher lacunas da lei (LINDB, art. 4º).

Como fontes formais indiretas (mediatas) do direito, surgem os costumes, a doutrina e a jurisprudência. São assim consideradas porque tais fontes não criam regras jurídicas por si sós, mas servem de subsídio para que os legisladores modifiquem ou elaborem normas mais adequadas para regulamentar o convívio social.

Os costumes consistem na prática uniforme e reiterada de certos atos, com convicção de sua obrigatoriedade, e as pessoas aceitam tal prática como necessária e útil para permitir a convivência pacífica e livre de conflitos. É o exemplo clássico das filas, utilizadas para organizar atendimento em diversas situações, mas que não derivam de imposição legal. Este costume já inspirou municípios a regulamentar, por exemplo, o tempo máximo de permanência em filas de agências bancárias ou estabelecimentos comerciais, como meio de resguardar os direitos dos consumidores.

Já a doutrina é produto dos estudiosos do direito, os quais analisam e comentam as legislações postas pelo Estado em suas produções intelectuais, avaliam seu alcance, interpretam seu sentido e, muitas das vezes, apontam falhas a serem sanadas. O trabalho doutrinário adquire especial relevância na elaboração da norma, posto que os legisladores valem-se destes referenciais teóricos para propor projetos de lei e mesmo alterações da legislação em vigor que não atendem satisfatoriamente aos interesses da coletividade.

A jurisprudência, por seu turno, refere-se a decisões judiciais repetidas acerca de determinado assunto, representa o entendimento dos tribunais no que tange à interpretação de uma norma e os limites de sua aplicação. Também se revela útil para a elaboração de novas normas que abracem as tendências interpretativas dos magistrados, os quais muitas vezes decidem sobre temas polêmicos ainda não contemplados por legislação própria e que necessitam de solução. A partir da análise de sentenças uniformes, pode o legislador decidir pela edição de regras mais apropriadas para pacificar determinados conflitos.

1.7. FASES DA LEI

O Estado é a reunião de pessoas em uma sociedade política e juridicamente organizada, dotada de soberania, dentro de um território (limite espacial de poder), sob um governo (organização para exercício do poder político), para realizar o bem comum, assegurar a vida em sociedade, garantir a ordem interna, assegurar a soberania na ordem internacional e distribuir justiça.

São formas de Estado: a) unitário, com fonte única de poder; b) federação, onde vários Estados-membros encontram-se ligados em uma estrutura comum. São formas de governo: a) monarquia, com poder vitalício e sucessão hereditária; b) república, com mandatos temporários e cargos eletivos. São sistemas de governo: a) parlamentarismo, onde há um chefe de Estado (rei/presidente) e um chefe de governo (1º ministro); b) presidencialismo, no qual o presidente é chefe de Estado e de governo. O Brasil é uma república federativa presidencialista. São entes da federação a União, os Estados, os Municípios e o Distrito Federal. O poder estatal possui uma divisão funcional, em que o Executivo, o Legislativo e o Judiciário são independentes e harmônicos entre si, detêm parcelas da soberania e exercem controle uns sobre os outros.

Geralmente, cabe ao Poder Legislativo, seja em nível municipal, estadual ou federal, a proposta, deliberação e votação das leis que irão reger a vida em sociedade. A elaboração da norma enfrenta diversas fases, e a lei, para ser válida, deve emanar de órgão competente.

O processo legislativo é o conjunto de atos voltados à produção normativa e compreende as seguintes etapas:

Iniciativa	Apresentação de projeto de lei, expondo os motivos de sua elaboração. Pode caber aos representantes do Poder Legislativo (vereadores, deputados estaduais e federais, senadores) ou do Poder Executivo, assim como ao STF, tribunais superiores, ao procurador-geral da República e aos cidadãos, nos casos previstos em lei.
Discussão e votação	Os membros do Legislativo examinam e discutem o projeto, podem propor emendas aditivas, modificativas ou supressivas de seus dispositivos. No sistema bicameral brasileiro, o projeto apresentado na Câmara dos Deputados deve ser apreciado pelo Senado Federal e vice-versa.
Sanção ou veto	Aprovado o projeto após os debates e votações pelo Legislativo, segue para o chefe do Executivo, que pode aderir (sancionar) ou discordar (vetando, total ou parcialmente, seu conteúdo). Nesta última hipótese, o projeto retorna à votação para nova apreciação, podendo o veto ser rejeitado por maioria absoluta.
Promulgação e publicação	Promulgar é ato obrigatório, que significa atestar a existência da lei e ordenar seu cumprimento efetivo. Publicar é ato formal feito por órgão oficial, dá à população conhecimento geral da lei e não pode o cidadão descumpri-la alegando que não a conhece.

Para Hugo de Brito Machado (2004), a publicação completa o processo legislativo e faz com que a lei ingresse no ordenamento jurídico, denominando-se *período de vacância* o tempo que decorre da data de sua publicação até a data em que efetivamente entra em vigor. De acordo com a Lei de Introdução às Normas do Direito Brasileiro (LINDB), a lei começa a vigorar em todo o país 45 dias depois de oficialmente publicada, desde que não disponha que entre em vigor na data de sua publicação ou tenha outro período de *vacatio legis* (vacância da lei) estipulado. Se for admitida em Estados estrangeiros, sua obrigatoriedade lá se inicia três meses após a publicação.

1.8. QUESTÕES DE EXAMES

01. (TÉCNICO – 1º/2004) A personalidade civil da pessoa começa a partir:

a) Dos 18 anos completos.
b) Dos 16 anos completos.

c) Do nascimento com vida.
d) Da concepção.

Resolução

A resposta correta é a alternativa "c", segundo o art. 2º do Código Civil Brasileiro.

02. (TÉCNICO – 1ª/2003) São pessoas jurídicas de direito privado EXCETO as:
a) Associações.
b) Sociedades.
c) Autarquias.
d) Fundações.

Resolução

A alternative correta é a "c".

03. (TÉCNICO – 2º/2004) As associações e as fundações são pessoas jurídicas de:
a) Direito privado e de direito público, respectivamente.
b) Direito privado.
c) Direito público e de direito privado, respectivamente.
d) Direito público.

Resolução

A resposta correta é a alternativa "b", de acordo com o art. 44 do Código Civil Brasileiro.

04. (TÉCNICO – 2º/2004) A forma de Estado adotada pelo Brasil é:
a) Democracia.

b) Federação.
c) Presidencialismo.
d) República.

Resolução

A resposta correta é a alternativa "b", segundo o art. 1º da Constituição da República Federativa do Brasil.

capítulo · 2

Noções de direito do trabalho e legislação trabalhista

2.1. CONSIDERAÇÕES GERAIS

Para Amauri Mascaro Nascimento (2009, p. 59), é possível definir o direito do trabalho como o "ramo da ciência do direito que tem por objeto as normas, as instituições jurídicas e os princípios que disciplinam as relações de trabalho, determinam seus sujeitos e as organizações destinadas à proteção desse trabalho em sua estrutura e atividade".

De fato, o trabalhador necessita de especial proteção, haja vista o histórico de exploração e excessos infligidos a ele ao longo da evolução das relações trabalhistas: omissão de regulamentação e fiscalização por parte do Estado liberal, opressão dos patrões, imposição de longas jornadas, salários indignos, condições de trabalho precárias, ambientes impróprios, trabalho infantil, falta de segurança e grande exposição a situações insalubres e perigosas. Aos poucos, a pressão em busca do respeito à dignidade da pessoa humana e da valorização do trabalho favoreceu o desenvolvimento de mecanismos de proteção ao trabalhador, com a elaboração de normas jurídicas para fixar a duração do trabalho, repousos, remuneração e outros quesitos de essencial importância a serem cumpridos pelos empregadores. A finalidade do direito do trabalho é assegurar melhores condições sociais ao trabalhador, para que este possa desenvolver suas atividades laborais em ambiente salubre e prover o sustento digno de sua família. Pondera Ruy Rebello Pinho (2009):

A harmonia necessária, mas ainda não encontrada, entre capital e trabalho, exige uma renovação do conceito de trabalho e de trabalhador. Do conflito e da luta de classes é preciso passar para a composição dos interesses, pois tanto as categorias econômicas dependem da mão de obra, como as categorias profissionais dependem do capital que lhes dá serviço (p. 351).

O direito do trabalho encontra embasamento na própria Constituição Federal, que assegura diversos direitos trabalhistas nos artigos 7º a 11, e também na CLT – Consolidação das Leis do Trabalho (Decreto-lei nº 5452, de 1º de maio de 1943), abrangendo duas vertentes: a) o direito individual do trabalho, referente às relações entre empregados e empregadores; b) o direito coletivo do trabalho, que rege as relações e conflitos entre grupos ou associações de trabalhadores e empregadores.

Sérgio Pinto Martins (2010) elenca alguns princípios a serem observados:

Princípios	Características
Proteção do trabalhador	Visa a compensar a superioridade econômica do empregador em relação ao empregado. Está presente na elaboração, interpretação e aplicação da norma. Ex.: interpretação mais favorável da norma ao operário; observação da condição mais benéfica ao trabalhador etc.
Irrenunciabilidade de direitos	As normas trabalhistas são de ordem pública, não podem ser afastadas ou alteradas por convenção entre as partes, particularmente no que tange às garantias mínimas concedidas por lei. Ex.: não recebimento de férias, salário inferior ao mínimo, renúncia a direitos rescisórios etc.
Continuidade da relação de emprego	Presume-se que o contrato de trabalho vigora por tempo indeterminado, salvo casos especificados em lei. Ex.: contrato de experiência (máximo 90 dias) e serviços especificados ou de natureza transitória, pelo período máximo de 2 anos (CLT, art. 443, § 2º).
Primazia da realidade	Nas relações de trabalho, vale mais a situação de fato vivenciada entre as partes do que o formalmente apresentado, pois a realidade prevalece sobre a forma. Ex.: rotular um empregado como autônomo, pagando-o com RPA, a fim de não caracterizar vínculo trabalhista.

2.2. CONTRATO INDIVIDUAL DE TRABALHO

Conforme o artigo 442 da CLT, "contrato individual de trabalho é o acordo, tácito ou expresso, correspondente à relação de emprego", ou seja, nasce da vontade das partes contratantes (empregado e empregador), manifestada por escrito, verbalmente, ou mesmo de forma tácita, sendo que do comportamento das partes depreende-se a existência de um vínculo empregatício. Para ser válido, como qualquer negócio jurídico, faz-se necessário observar alguns requisitos essenciais: agente capaz, objeto lícito e forma prescrita ou não defesa em lei.

OBS.: A capacidade trabalhista difere da capacidade civil, o indivíduo pode trabalhar a partir dos 16 anos e como menor aprendiz (sujeito a formação profissional metódica do ofício em que exerça o trabalho, devendo frequentar a escola) a partir dos 14 anos (CF/88, art. 7º, inciso XXXIII). O menor tem capacidade para firmar recibos de pagamento de salário, mas não para dar quitação de rescisão contratual sem a assistência de um responsável legal (CLT, art. 439). Ainda que o contrato seja considerado nulo em caso de sujeito incapaz, são assegurados os direitos trabalhistas.

Os contratantes possuem liberdade para negociar os termos do ajuste, como horários de trabalho, remuneração e benefícios, porém observando os limites e imposições legais no que concerne à proteção mínima voltada para o trabalhador. Por sua vez, este último deve reconhecer o poder de direção do empregador e estar a ele subordinado. A subordinação jurídica refere-se ao direito do empregador de dar ordens e fiscalizar as atividades de seus empregados.

Empregador, para a CLT, são as empresas e pessoas físicas que, assumindo os riscos da atividade econômica, admitem, pagam salários e dirigem a prestação de serviços do empregado (art. 2º). Tem poder de direção (faculdade de determinar o modo de exercício da atividade do empregado), organização (definir fins econômicos do empreendimento, estrutura jurídica adotada, cargos e funções), controle (fiscalizar atividades dos empregados e marcação de ponto) e disciplinar (impor sanções aos empregados em caso de cometimento de faltas previstas em lei). Podem ser empregadores o empresário individual, as sociedades simples e empresárias, os profissionais liberais, o Estado, as autarquias e, por equiparação, os condomínios de apartamentos, os sindicatos, as instituições beneficentes e associações sem fins lucrativos que admitirem empregados. Já o *empregado* é toda pessoa física que presta serviços de natureza econômica, não eventual a empregador, sob a dependência deste e mediante salário (art. 3º). Esclarece Amauri Mascaro Nascimento (2009) que a CLT é aplicável a trabalhadores, mas não todos, ocupando-se o direito do trabalho apenas dos *empregados*, sendo necessária a verificação de alguns requisitos para sua configuração: a) trabalho de pessoa física, sendo a proteção trabalhista destinada ao ser humano, sua vida, saúde e integridade e lazer; b) trabalho assalariado, excluindo-se as relações não profissionais, gratuitas ou voluntárias; c) trabalho subordinado, sob a direção e comando de outrem (pessoa física ou jurídica); d) trabalho contratual, livre e não coativo; e) trabalho prestado pessoalmente pelo empregado.

Existem diversos tipos de trabalhadores:

Tipos de trabalhadores	Características	Previsão legal
Empregado em domicílio	Presta serviços em sua própria residência, é remunerado pelo empregador. Ex.: costureira subordinada ao empregador.	CLT, art. 83
Empregado doméstico	Presta serviço contínuo e não lucrativo à pessoa ou família em âmbito residencial. Alguns direitos trabalhistas não se aplicam: horas extras, salário-família, estabilidade gestante, FGTS, etc. Ex.: cozinheira, mordomo.	CF/88, art. 7º parág. único; L. 11324/06
Empregado rural	Presta serviço contínuo em propriedade rural ou prédio rústico, mediante dependência e salário. Tem os mesmos direitos do empregado urbano.	CF/88, art. 7º; L. 5889/73
Trabalhador temporário	Presta serviço destinado a atender necessidade transitória.	L. 6019/74
Trabalhador avulso	Presta serviço urbano ou rural, sem vínculo empregatício, com intermediação obrigatória de sindicato de categoria profissional ou órgão gestor de mão de obra. É equiparado ao empregado. Ex.: estivador de porto.	CF/88, art. 7º, XXXIV

OBS.: Não são empregados: a) **trabalhador autônomo**, que presta serviço por conta própria, faltando aqui o elemento da subordinação (Ex.: ambulante, consultor, advogado); b) **trabalhador eventual**, por realizar locação de serviço esporádico (Ex.: bóia-fria, chapa); c) **empreiteiro**; d) **cooperado**, não existe vínculo empregatício entre a cooperativa e seus associados; e) **servidor público** contratado por regime estatutário; f) **estagiário** que trabalha sob supervisão para complementação dos estudos, salvo se desatendidos os requisitos previstos na Lei nº 11.788/08.

O contrato de trabalho é sempre oneroso, o empregado recebe salário pago pelo empregador em troca dos serviços prestados; é contínuo, de prestações sucessivas, não pode ser eventual e firma-se como regra por prazo indeterminado; tem característica de pessoalidade; é estabelecido em razão das características do empregado em particular, que exerce sua atividade de forma intransferível; o empregado trabalha por conta alheia e não por conta própria, o que configura o requisito da alteridade, visto que na execução de seu trabalho, o empregado deve obediência profissional ao empregador, desde que suas ordens não constituam ato ilegal. Para comprovação de existência de relação de trabalho, são válidos diversos tipos de prova, como contratos escritos, carteira de trabalho, documentos (recibos de pagamento, vales, fichas de registro etc.), depoimentos de testemunhas, dentre outros meios em direito admitidos.

São direitos básicos do trabalhador:

Direitos	Características	Previsão legal
Jornada de trabalho	Não pode ser superior a 8 horas diárias e 44 horas semanais. É permitida compensação de horários e redução de jornada mediante acordo ou convenção coletiva. OBS.: o tempo despendido pelo empregado até o local de trabalho não será computado na jornada, exceto quando o local for de difícil acesso ou não servido por transporte público e o empregador fornecer a condução (jornada *in itinere*).	CF/88, art. 7º, XVI

Direitos	Características	Previsão legal
Horas extras	Remuneração de 50% a mais do limite fixado para jornada habitual. São limitadas a 2 horas diárias, salvo por motivo de força maior ou realização de serviço inadiável.	CLT, art. 59
Período de descanso	Na jornada superior a 4 horas e inferior ou igual a 6 horas, haverá intervalo de 15 minutos. Na jornada superior a 6 horas, o intervalo pode variar de 1 a 2 horas. Se não for concedido, o empregador fica obrigado a remunerar o período correspondente com 50% de acréscimo sobre a hora normal. Entre duas jornadas, haverá um intervalo mínimo de 11 horas.	CLT, arts. 66 e 71
Trabalho noturno	Executado entre as 22 horas de um dia e as 5 horas do dia seguinte, com pagamento de 20% de adicional noturno.	CLT, art. 73
Salário	Deve ser pago em moeda corrente e atender as necessidades básicas do trabalhador. Não pode ser inferior ao mínimo estabelecido em lei, sendo reajustado periodicamente para manutenção de seu poder aquisitivo. Não pode ser reduzido na vigência do contrato de trabalho, salvo acordo ou convenção coletiva.	CLT, art. 457
Décimo terceiro salário	Remuneração anual paga pelo empregador, correspondente ao valor de uma remuneração mensal. Para o empregado que não trabalhou todo o ano, o valor é proporcional aos meses de serviço (1/12). Considera-se como mês a fração igual ou superior a 15 dias de trabalho. 1ª parcela: de fevereiro a 30 de novembro; 2ª parcela: até 20 de dezembro.	CF/88, art. 7º, VIII; L. 4.090/62; L. 4.749/65
Repouso semanal	24 horas consecutivas, remuneradas como dia de trabalho, preferencialmente aos domingos. O empregado que trabalhar em dias de repouso ou feriado, deverá receber em dobro, exceto se for concedida folga em outro dia. É autorizado o trabalho aos domingos no comércio em geral, observada a legislação do município.	CLT, art. 67; L. 605/49

Direitos	Características	Previsão legal
Férias	Concedidas após 12 meses de trabalho efetivo, correspondendo a 1/3 do salário normal (terço constitucional). Devem ser concedidas dentro de 12 meses seguintes ao término do período aquisitivo, sob pena de pagamento em dobro. O empregado tem o direito de converter 1/3 de suas férias em abono pecuniário (10 dias), no valor da remuneração que lhe seria devida no período correspondente.	CLT, art. 129 e seguintes; CF/88, art. 7º, XVII
FGTS	Fundo de garantia por tempo de serviço. Depósito obrigatório de 8% sobre o valor do salário, para saque pelo empregado nas hipóteses previstas em lei. É facultativo o seu depósito para empregados domésticos. Hipóteses de saque: dispensa sem justa causa; rescisão indireta; extinção da empresa; aposentadoria; financiamento habitacional; 03 anos fora do regime de FGTS; extinção de contrato por prazo determinado; falecimento do trabalhador etc.	L. 8.036, de 11 de maio de 1990

2.3. REMUNERAÇÃO E SALÁRIO

Remuneração e salário são termos que não se confundem. Para Sérgio Pinto Martins (2010), remuneração consiste no conjunto de prestações recebidas pelo empregado, seja em dinheiro ou em utilidades, provindas do empregador (Ex.: salário) ou de terceiros (Ex.: gorjetas), decorrentes do contrato de trabalho. O salário consiste no conjunto de percepções econômicas devidas pelo empregador ao empregado, não só como contraprestação do trabalho, mas também pelo período em que estiver à disposição aguardando ordens, pelo descanso remunerado, pela interrupção do contrato de trabalho por força de lei etc. Difere da indenização, que consiste em valor devido a título de reparação de danos (Ex.: dispensa sem justa causa, diárias, ajudas de custo) e do benefício previdenciário, pago pelo INSS aos segurados (Ex.: auxílio-doença, salário-maternidade, aposentadoria). Não se incluem no salário as ajudas de custo nem as diárias de viagem que não excedam 50% do salário percebido pelo empregado (CLT, art. 457, § 2°). O salário pode ser pago por tempo (mês, quinzena, hora), por produção, por tarefa ou por comissão. O salário é periódico, impenhorável (exceto para fins de pagamento de pensão alimentícia), irredutível (exceto em caso de acordo ou convenção coletiva) e intangível (não podem ser efetuados descontos, a não ser que sejam oriundos de adiantamentos, lei ou acordo coletivo; ou para reparar danos dolosamente provocados pelo empregado – CLT, art. 462).

Conforme artigos 458 e 82 da CLT, o salário pode ser pago no mínimo 30% em dinheiro (moeda corrente) ou até 70% em utilidades (alimentação, vestuário, habitação etc), sendo vedado considerar como utilidades o fornecimento de bebidas alcoólicas e drogas nocivas, equipamentos de trabalho, despesa com educação, transporte para o trabalho, assistência médico-odontológica e previdência complementar.

Abonos	Integram o salário. São valores a título de adiantamento, pagos em dinheiro (CLT, 457, § 1°).
Adicionais	Acréscimos salariais para quem presta serviços em condições mais gravosas (Ex.: adicional noturno, periculosidade etc.).
Comissões	Integram o salário. Retribuições com base em percentuais sobre negócios efetuados por vendedor. Se não houver salário fixo, o empregador deve assegurar o pagamento de pelo menos um salário-mínimo (CLT, 78, parágrafo único).
Gratificações	Somas variáveis em dinheiro, voluntariamente outorgadas a título de incentivo para os trabalhadores.
Gorjetas	Decorrem do contrato de trabalho. Pagamento, por parte do cliente, em função de satisfação pelos serviços prestados pelo trabalhador, que deve receber o salário mais as gorjetas.
Prêmios	Salário vinculado à produtividade e eficiência do trabalhador, sendo devido quando da implementação de meta estipulada.
13° salário	Possui natureza salarial, sendo compulsoriamente pago pelo empregador, no valor de uma remuneração mensal ou proporcionalmente ao período laborado.

O pagamento do salário é comprovado mediante apresentação de recibo assinado pelo empregado ou recibo de depósito bancário, deve ser pago por período não superior a 01 mês, até o quinto dia útil do mês subsequente ao vencido, salvo em caso de acerto de comissões, percentagens e gratificações, exigíveis depois de finalizada a transação a que se referem (CLT, arts. 459 e 466).

2.4. ALTERAÇÃO, SUSPENSÃO E INTERRUPÇÃO, RESCISÃO E AVISO PRÉVIO E ESTABILIDADES

Em face do princípio da imodificabilidade, os contratos individuais de trabalho somente comportam alterações por mútuo consentimento entre empregador e empregado, e desde que não acarretem direta ou indiretamente prejuízos para o empregado – caso em que a alteração pode ser considerada nula (CLT, art. 468). As exceções previstas em lei são as seguintes: a) retorno ao cargo efetivo anteriormente ocupado, ao deixar o exercício de função de confiança; b) substituição eventual ou temporária; c) readaptação do trabalhador em nova função. Quanto à transferência de empregado – normalmente vedada sem seu consentimento – esta poderá ocorrer nos seguintes casos: a) cargos cuja transferência esteja prevista em contrato; b) função de confiança; c) extinção do estabelecimento. As despesas decorrentes da transferência são suportadas pelo empregador (CLT, art. 470) e, em caso de transferência provisória, será devido um adicional de 25% sobre o salário do empregado na localidade anterior (CLT, art. 469, § 3º). São intransferíveis os empregados eleitos para cargos sindicais ou de representação profissional que possam por isso ficar impedidos de exercer suas atribuições.

O contrato de trabalho também pode ser suspenso ou interrompido. Na suspensão, não há trabalho nem pagamento de salário, havendo paralisação temporária dos efeitos do contrato (Ex.: greve, afastamento por auxílio-doença etc.). Caso a suspensão do empregado se estenda por mais de 30 dias consecutivos, configura-se rescisão injusta do contrato de trabalho (CLT, art. 474).

Na interrupção, não há trabalho, mas há pagamento de salário, sendo contabilizado o tempo de serviço do trabalhador (Ex.: férias do empregado, licença-maternidade, motivo de gala ou luto de professor etc.). De acordo com o art. 473 da CLT, o empregado poderá deixar de comparecer ao serviço sem prejuízo do salário nos seguintes casos: a) até 02 dias consecutivos em caso de falecimento de cônjuge, ascendente ou descendente, irmão ou dependente econômico; b) até 03 dias consecutivos em virtude de casamento; c) por 01 dia em caso de nascimento de filho (alterado para 05 dias pela CF/88); d) por 01 dia a cada 12 meses para doação de sangue; e) até 02 dias consecutivos para alistamento eleitoral; f) período de cumprimento de serviço militar; g) dias de realização de vestibular para ingresso em ensino superior; h) tempo de comparecimento em juízo; i) participação em reuniões sindicais enquanto representante.

A extinção do contrato de trabalho pode se dar por diversos motivos, colocando fim ao vínculo empregatício e extinguindo as obrigações assumidas entre os contratantes:

- **Rescisão imotivada por iniciativa do empregador** (sem justa causa): Não fundada em motivo disciplinar, técnico (fatores organizacionais da empresa), econômico ou financeiro (referente à insolvência da empresa). Verbas devidas: saldo de salário; aviso prévio; 13º proporcioanl; férias vencidas e proporcionais, acrescidas do terço constitucional; multa de 40% sobre os depósitos do FGTS; guias de liberação de FGTS e seguro-desemprego.

- **Rescisão com justa causa por iniciativa do empregador:** Características: obediência a requisitos legais, reação imediata, ato grave, relação de causa e efeito entre a falta e a dispensa. Motivos (CLT, art. 482): ato de improbidade; incontinência de conduta; mau procedimento; negociação habitual por conta própria ou alheia sem permissão do empregador; trânsito em julgado de condenação criminal do empregado; desídia, embriaguez habitual ou em serviço; violação de segredo da empresa; indisciplina, insubordinação; abandono de emprego; prática constante de jogos de azar etc. Verbas devidas: saldo de salário; férias vencidas acrescidas do terço constitucional. O empregado não faz jus a aviso prévio, férias proporcionais, 13º, levantamento de FGTS, indenização de 40%, nem seguro-desemprego.

- **Rescisão imotivada por iniciativa do empregado** (demissão voluntária): comunicação do empregado ao empregador de que não pretende mais dar seguimento ao contrato, o que deve ser feito com certa antecedência (CLT, art. 487). Verbas devidas: saldo de salário; 13º proporcional; férias vencidas e proporcionais, acrescidas do terço constitucional. O empregado não faz jus a levantamento de FGTS, indenização de 40%, nem seguro-desemprego.

* **Rescisão motivada, a pedido do empregado** (rescisão indireta): o empregado decide encerrar o contrato de trabalho por falta grave praticada pelo empregador (CLT, art. 483). Hipóteses: exigência de trabalho superior às forças do empregado; serviços proibidos por lei ou contrários aos bons costumes; serviços alheios ao contrato de trabalho; rigor excessivo no trato com os empregados; descumprimento por parte do empregador das obrigações contratuais; ofensas morais ou físicas cometidas pelo empregador; redução de trabalho do empregado com vistas a diminuir seu salário mensal etc. Verbas devidas: aviso prévio, férias proporcionais, 13º proporcional, levantamento do FGTS, indenização de 40% e seguro-desemprego.

* **Aposentadoria:** Verbas devidas: levantamento do FGTS (sem a multa de 40%), 13º proporcional, férias vencidas e proporcionais, acrescidas do terço constitucional. Não direito a aviso-prévio nem seguro-desemprego. Caso o empregado continue trabalhando, forma-se um novo vínculo empregatício.

* **Ruptura por culpa recíproca:** A indenização que seria devida em caso de culpa exclusiva do empregador será reduzida à metade (CLT, art. 484), o empregado recebe 50% do aviso prévio, do 13º e das férias proporcionais (Súmula nº 14, TST).

* **Rescisão de contrato por prazo determinado:** Verbas devidas: 13º proporcional, férias vencidas e proporcionais acrescidas do terço constitucional, liberação do FGTS, sem pagamento de multa (CLT, arts. 479 a 481).

* **Aviso prévio** – quanto ao aviso prévio – garantido pela CF/88, art. 7º, inciso XXI, e disciplinado nos artigos 487 e seguintes da CLT –, este consiste na comunicação da rescisão do contrato de trabalho pela parte que decide encerrá-lo. Deve ser observada a

devida antecedência (08 dias nos pagamentos semanais, e mínima de 30 dias nos pagamentos quinzenais ou mensais, ou para quem possui mais de 12 meses de trabalho) e a obrigação de manter o contrato de trabalho após o comunicado. O horário de trabalho do empregado durante o prazo do aviso será reduzido de 02 horas sem prejuízo do salário integral. Há, ainda, a opção de cumprimento normal da jornada e o empregado faltar por sete dias corridos, também sem prejuízo do salário. O aviso não é exigível nos contratos por prazo determinado, sendo cabível nas dispensas sem justa causa, nos pedidos de demissão, na rescisão por culpa recíproca e na rescisão indireta.

No que tange às estabilidades e garantias provisórias de emprego, tem-se que:

a) Imunidade sindical: é vedada a dispensa do empregado sindicalizado a partir do registro de sua candidatura a cargo de direção ou representação sindical e, caso eleito, até 01 ano após o término do mandato, salvo falta grave (CF/88, art. 8°, VIII).

b) Membro da CIPA: é vedada a dispensa arbitrária ou sem justa causa de empregado eleito para cargo de direção de Comissão de Prevenção Interna de Acidentes, a partir do registro da candidatura até 01 ano após o mandato.

c) Gestante: é vedada a dispensa arbitrária ou sem justa causa da empregada gestante, desde a confirmação da gravidez até 05 meses após o parto. Este direito não vigora nos contratos de experiência e não há previsão legal desta estabilidade provisória para domésticas, embora existam decisões judiciais em sentido favorável.

d) Acidentado: garantia de manutenção do contrato de trabalho pelo prazo mínimo de 12 meses após a cessão de auxílio-doença acidentário, independentemente de percepção de auxílio-acidente (Lei n° 8.213/1991).

e) Membros de Comissão de Conciliação prévia: vedada a sua dispensa (titulares e suplentes), até 01 ano após término do mandato, exceto em caso de falta grave.

2.5. ASSOCIAÇÃO SINDICAL, CONTRIBUIÇÃO SINDICAL E CONTRIBUIÇÃO CONFEDERATIVA E CONVENÇÃO COLETIVA DO TRABALHO

As normas e condições de trabalho não se resumem à esfera individual, sendo possível afirmar que as relações coletivas são até mesmo mais relevantes por sua amplitude, pelos sujeitos envolvidos, pelo objeto e pelas funções que cumprem no ordenamento jurídico. Faz-se necessário que os trabalhadores unam forças para defender em conjunto os seus interesses e reivindicações em face dos detentores do poder econômico, haja vista que, individualmente, não têm a mesma repercussão. Assim sendo, encontra-se na base das relações coletivas de trabalho um sentimento de união, de solidariedade na defesa dos interesses comuns.

O sujeito, no caso, não é um ou alguns indivíduos, mas o grupo como um todo, com dimensões menores (trabalhadores de uma empresa, p.ex.) ou maiores (abrangendo todos os trabalhadores de uma ou várias categorias). São muitos os reflexos de tais relações coletivas, haja vista que as negociações entre grupos e patrões podem resultar em elaborações normativas que obrigarão todo o grupo, num papel claramente contratual, que produz o direito a ser aplicado. Em caso de ação judicial, as sentenças normativas também produzirão efeito semelhante.

A Constituição Federal assegura a liberdade sindical ao garantir a plena criação de sindicatos, bem como a prerrogativa de filiação e desfiliação do empregado. A autonomia sindical garante a autogestão de associações e sindicatos sem que as empresas ou o Estado interfiram em sua estruturação, atuação e sustentação econômico-financeira. A lei não poderá exigir autorização do poder público para a fundação de sindicato, mas apenas o registro no órgão competente. É vedada a criação de mais de uma organização sindical, em qualquer grau, representativa de categoria profissional ou econômica, na mesma base territorial, que será definida pelos trabalhadores ou empregadores interessados, não podendo ser inferior à área de um município. Cabe ao sindicato defender os interesses coletivos ou individuais da categoria, administrativa e judicialmente.

Assim sendo, é lícita a associação sindical para fins de estudo, defesa e coordenação de interesses econômicos ou profissionais de todos os que, enquanto empregadores, empregados, agentes ou trabalhadores autônomos e profissionais liberais, exerçam a mesma atividade ou profissão. O sindicato é uma entidade associativa permanente, a qual representa interesses de uma categoria, celebra convenções coletivas de trabalho, elege representantes da respectiva categoria, colabora com o Estado na busca de solução dos problemas pertinentes e impõe contribuições a todos os que participam das categorias representadas. As federações são associações sindicais de grau superior e são constituídas por Estado, resultando da conjunção de no mínimo 05 sindicatos, desde que representem a maioria absoluta de um grupo de atividades ou profissões idênticas, similares ou conexas (CLT, art. 534). As confederações, por seu turno, consistem na conjugação de pelo menos 03 federações, com sede em Brasília (CLT, art. 535). Já as Centrais Sindicais (Lei nº 11.648/08) representam apenas trabalhadores.

Segundo o art. 511 da CLT, categoria econômica refere-se à solidariedade de interesses econômicos dos que empreendem atividades idênticas, similares ou conexas. Categoria profissional abrange a similitude de condições de vida oriunda da profissão ou trabalho em comum, situação de emprego na mesma atividade econômica, similar ou conexa. Categoria profissional diferenciada é aquela formada por empregados que exerçam profissões ou funções diferenciadas por força de estatuto profissional especial ou condições de vida singulares.

As contribuições previstas em lei são as seguintes:

Contribuição	Características	Previsão legal
Contribuição confederativa	Fixada por assembleia geral. Em caso de categoria profissional, será descontada em folha para custeio do sistema confederativo de representação sindical, independentemente da contribuição prevista em lei	CF/88, art. 8º, IV
Contribuição sindical	Contribuição devida ao sindicato pelos que participam das categorias econômicas ou profissionais ou das profissões liberais representadas pela referida entidade. Será recolhida de uma só vez, anualmente, consistindo na importância correspondente à remuneração de um dia de trabalho. É compulsória e possui natureza tributária.	CLT, art. 580; CTN, art. 217, I.

Contribuição	Características	Previsão legal
Contribuição assistencial	É prerrogativa dos sindicatos impor contribuições a todos os que participam das categorias econômicas ou profissionais ou das profissões liberais representadas, em virtude de participação em negociações coletivas para obtenção de novas condições laborais para a categoria. É encontrada nas sentenças normativas, acordos e convenções coletivas.	CLT, art. 513, e.
Mensalidade sindical (contribuição associativa)	Paga apenas pelos associados, os quais se beneficiam dos serviços prestados pela entidade (Ex.: serviços médicos, assistência jurídica). Fixada por Estatuto ou em assembleia	CLT, art. 548, b.

Para Rui Rebelo Pinho (2009), o direito coletivo do trabalho é um importante ramo do direito do trabalho, abrangendo o estudo das relações jurídicas estabelecidas em grupo para solução do conflito de interesse que abrangem categorias econômicas e profissionais. Esclarece o autor a diferença entre convenção coletiva e acordo coletivo. A convenção é o acordo normativo estabelecido entre sindicatos de trabalhadores e sindicatos de empregadores, no sentido de estipular condições laborais para toda a categoria profissional ou econômica por eles representada, projetando seus efeitos sobre todos os envolvidos (Ex.: acordos firmados entre o sindicato dos bancários e o sindicato dos bancos). Por sua vez, o acordo coletivo decorre de uma negociação interna no ambiente da empresa, cujas cláusulas são aplicáveis no âmbito restrito por ela estipulado. Tanto o sindicato profissional quanto o patronal devem estar presentes nas negociações, por exigência constitucional.

De acordo com o parágrafo 2º do art. 611 da CLT, as federações e, na falta delas, as confederações representativas de categorias econômicas ou profissionais também poderão celebrar convenções coletivas de trabalho para reger as categorias a elas vinculadas, no âmbito de suas representações.

2.6. CONCEITOS DE ARBITRAGEM

Os conflitos coletivos de trabalho ocorrem quando uma reivindicação do grupo de trabalhadores é resistida pelo grupo de empregadores contra a qual é dirigida. Pode ser estabelecido entre sindicatos (patronais e de trabalhadores) ou entre sindicatos e empresas. O conflito é econômico quando existe a busca por novas e melhores condições de trabalho, visando à obtenção de norma jurídica pertinente (convenção coletiva ou sentença normativa) e é jurídico se versar sobre a aplicação ou interpretação de norma jurídica, visando à declaração sobre o sentido da norma existente ou execução de norma que o empregador não observa. Para compor tais conflitos, existem: a) a autocomposição, na qual os conflitos são solucionados pelas próprias partes (convenções e acordos coletivos); e b) heterocomposição, cujos conflitos não são resolvidos pelas partes mas sim por órgão ou pessoa suprapartes (mediação, arbitragem ou jurisdição do Estado). Existem, ainda, técnicas de autodefesa, como a greve (suspensão coletiva, temporária e pacífica, total ou parcial, de prestação de serviços ao empregador) e o *lockout* (paralisação de atividades por parte dos empregadores).

Na mediação, um terceiro é chamado pelas partes para solucionar um conflito, sendo necessário possuir conhecimentos jurídicos. O mediador não tem poder de coerção por ser apenas um intermediário entre os lados conflitantes. Na arbitragem, um terceiro, denominado árbitro, de caráter particular e sem ligação com o Estado, tem o poder de decidir as questões conflituosas, proferindo uma sentença arbitral que não está sujeita a recursos ou homologação pelo Poder Judiciário e tem eficácia de título executivo judicial. Na jurisdição, um processo judicial corre perante a Justiça do Trabalho, a qual possui competência para julgar ações de relações de trabalho; ações de representação sindical entre sindicatos, sindicatos e trabalhadores, sindicatos e empregadores; indenizações materiais e morais decorrentes de relação de trabalho (exceto acidentes de trabalho e lides previdenciárias).

Existem vantagens interessantes do juízo arbitral, como, por exemplo, o afastamento do Judiciário, já sobrecarregado pelo número intenso de demandas, o que promove maior celeridade, pois o árbitro deve prolatar a sentença no prazo estipulado pelas partes, (prazo legal máximo é de seis meses). Ademais, é assegurada a atuação do advogado das partes durante todo o procedimento, o qual é confidencial e sigiloso (contudo,

se uma das partes não cumprir a sentença, esta pode se tornar pública).
Há ainda a questão da economia, sendo esta via menos dispendiosa.

A Constituição Federal, em seu artigo 114, parágrafo 1º, previu a aplicação da arbitragem para a solução de conflitos coletivos de trabalho, mas não faz referência aos dissídios individuais. Tomando-se por referência a Lei nº 9.307 de 24 de setembro de 1996, que trata do instituto da arbitragem, entende-se que sua aplicação limita-se à regulamentação de direitos patrimoniais disponíveis. Entende-se por direito patrimonial disponível aquele que assegura o gozo ou fruição, ao arbítrio de seu titular, de qualquer bem economicamente apreciável, estando excluídos os direitos personalíssimos, os políticos e os direitos de natureza pública em geral, insuscetíveis de renúncia ou transação.

Nos dissídios coletivos o instituto da arbitragem consiste em eficaz alternativa ao Judiciário, pois foi criado para resolver conflitos comerciais que envolvam valores, quantias elevadas ou situações que podem inviabilizar grandes negócios ou trazer grandes prejuízos. Nesse sentido, os sindicatos têm condições de usufruir do instituto da arbitragem, pois possuem meios de entrar no processo em posição mais equilibrada, o que não acontece com os dissídios individuais. A alternativa mais viável para os dissídios individuais é a mediação e não a arbitragem, desaconselhável quando se tem em vista a solução de conflitos individuais de trabalho. O entendimento predominante é o de que os direitos individuais trabalhistas são indisponíveis e que as relações de trabalho não podem ser livremente pactuadas quando violem as disposições de proteção ao trabalho, os contratos coletivos que lhes sejam aplicáveis e as decisões das autoridades competentes, considerando-se, portanto, que os direitos trabalhistas são irrenunciáveis e intransacionáveis, por serem considerados normas de ordem pública.

2.7. QUESTÕES DE EXAMES

01. (TÉCNICO – 1º/2001) Conforme Art. 473 da Consolidação das Leis do Trabalho, são faltas justificadas, EXCETO até:

   a) Dois dias consecutivos, ou não, para o fim de se alistar eleitor, nos termos da lei.

b) Dois dias consecutivos, em caso de falecimento do cônjuge.

c) Três dias consecutivos, ou não, para fins de assistência ao cônjuge em caso de doença.

d) Três dias consecutivos em virtude de casamento.

Resolução

A resposta correta é a alternativa "c", segundo o art. 473 da Consolidação das Leis do Trabalho.

02. (TÉCNICO – 1º/2001) Os empregados ocupados em atividades que impliquem o contato permanente com inflamáveis ou explosivos em condições de risco acentuados fazem jus ao adicional de:

a) Hora-extra.

b) Insalubridade.

c) Penosidade.

d) Periculosidade.

Resolução

A resposta correta é a alternativa "d", segundo o art. 193, § 1º da Consolidação das Leis do Trabalho.

03. (TÉCNICO – 1º/2001) Aquele que presta serviço de natureza contínua e não econômica à pessoa ou à família, no âmbito residencial destas, é considerado empregado:

a) Estatutário.

b) Doméstico.

c) Avulso.

d) Autônomo.

Resolução

A resposta correta é a alternativa "b", de acordo com o art. 7 – letra *a* – da Consolidação das Leis Trabalhistas.

Capítulo 2 – Noções de direito do trabalho e legislação trabalhista 41

04. (CONTADOR – 1º/2002) É vedada a dispensa do empregado sindicalizado a partir:

a) Da eleição ao cargo de direção ou representação.
b) Do dia da divulgação do resultado final de eleição para cargo de direção ou representação sindical.
c) Do dia em que toma posse no sindicato.
d) Do registro da candidatura a cargo de direção ou representação sindical.

Resolução

A resposta correta é a alternativa "d", segundo o art. 8º - Inciso VIII, da Constituição da República Federativa do Brasil.

05. (TÉCNICO – 1º/2002) A assertiva "Não havendo prazo estipulado, a parte que, sem justo motivo, quiser rescindir o contrato deverá avisar a outra de sua resolução com a antecedência mínima de 30 dias", diz respeito a:

a) Contrato de experiência.
b) Aviso-prévio.
c) Advertência.
d) Suspensão.

Resolução

A resposta correta é a alternativa "b", segundo o art. 487 da Consolidação das Leis do Trabalho.

06. (TÉCNICO – 1º/2002) Indique abaixo, o contrato que não é regido pela Consolidação das Leis Trabalhistas:

a) Prorrogação de horas.
b) Prazo indeterminado.
c) Experiência.
d) Autônomo.

42 NOÇÕES DE DIREITO

Resolução

A resposta correta é a alternativa "d", segundo os arts. 59 e 443 da Consolidação das Leis do Trabalho.

07. (TÉCNICO – 2º/2002) O empregado que falta ao trabalho constantemente, sem justificar a ausência, é considerado para efeitos de justa causa:

a) Desídia.
b) Ato de indisciplina.
c) Abandono de emprego.
d) Incontinência de conduta.

Resolução

A resposta correta é a alternativa "a", segundo o art. 482 da Consolidação das Leis do Trabalho.

08. (TÉCNICO – 2º/2002) A empregada doméstica, de acordo com a legislação pertinente, além das férias anuais, tem direito a:

a) FGTS obrigatório e 14º salário.
b) FGTS facultativo e 14º salário.
c) 13º salário, FGTS obrigatório.
d) 13º salário e FGTS facultativo.

Resolução

A resposta correta é a alternativa "d", em conformidade com o art. 7º da Constituição da República Federativa do Brasil.

09. (TÉCNICO – 2º/2002) A convenção coletiva de trabalho somente pode ser celebrada:

a) Por federações e confederações na falta dos respectivos sindicatos.

b) Somente por sindicatos em qualquer hipótese.
c) Exclusivamente por federações.
d) Exclusivamente por confederações.

Resolução

A resposta correta é a alternativa "a", de acordo com o exposto no art. 857 do Decreto-Lei nº 7.321, de 14.2.1945 e o parágrafo único da Lei nº 2.693, de 23.12.1955.

10. (CONTADOR – 2º/2002) O prazo de instauração de inquérito para apuração de falta grave contra empregado garantido com estabilidade é de:

a) 30 dias contados da data da suspensão do empregado.
b) 15 dias contados da data da suspensão do empregado.
c) 30 dias contados da falta grave cometida.
d) 15 dias contados da falta grave cometida.

Resolução

A resposta correta é a alternativa "a", segundo o art. 853 da Consolidação das Leis do Trabalho.

11. (CONTADOR – 1º/2003) A suspensão do empregado por mais de 30 dias consecutivos importa na:

a) Rescisão indireta do contrato de trabalho.
b) Rescisão do contrato de trabalho por culpa recíproca.
c) Rescisão do contrato de trabalho por tempo de serviço.
d) Rescisão injusta do contrato de trabalho.

Resolução

A resposta correta é a alternativa "d", de acordo com o art. 474 do Decreto-Lei nº 5452 de 1943 – Consolidação das Leis do Trabalho.

12. (TÉCNICO – 1ª/2003) O horário normal de trabalho do empregado durante o prazo do aviso prévio, na rescisão realizada pelo empregador, será reduzido de:

a) Duas Horas diárias com prejuízo do salário integral.
b) Duas Horas diárias sem prejuízo do salário integral.
c) Uma hora diária sem prejuízo do salário integral.
d) Uma hora diária com prejuízo do salário integral.

Resolução

A resposta correta é a alternativa "b", segundo o art. 488 da Consolidação das Leis do Trabalho.

13. (TÉCNICO – 1º/2004) A mudança da sede da empresa, dentro dos limites do município em que tem o seu domicílio:

a) Somente pode ocorrer mediante acordo sindical, sob pena de caracterizar ilícito trabalhista.
b) Estabelece uma transferência definitiva, ensejando o pagamento de ajuda de custo aos empregados.
c) Constitui legítimo exercício do poder diretivo do empregador, não configurando alteração contratual vedada pela lei.
d) Configura transferência provisória, acarretando a obrigação por parte do empregador de remunerar o empregado com adicional de transferência nunca inferior ao mínimo de vinte e cinco por cento.

Resolução

A resposta correta é a alternativa "c", de acordo com o contido no art. 469 da Consolidação das Leis do Trabalho.

14. (TÉCNICO – 2º/2000) Quando as férias forem concedidas após o período concessivo, a remuneração deverá ser:

a) Em dobro.

b) De forma simples.
c) Em dobro, acrescida do terço constitucional.
d) De forma simples, acrescida do terço constitucional.

Resolução

A resposta correta é a alternativa "c", conforme o art. 137 da Consolidação das Leis do Trabalho.

15. (TÉCNICO – 2º/2000) Em se tratando de garantias provisórias, é CORRETO afirmar que é vedada a dispensa:
a) Da empregada doméstica gestante, desde a confirmação da gravidez até doze meses após o parto.
b) Do empregado eleito para cargo de direção da CIPA, sem justa causa, desde o registro de sua candidatura até um ano após o término de seu mandato.
c) Do empregado sindicalizado, a partir do registro de sua candidatura a cargo de direção ou representação sindical e, se eleito, até dois anos após o final do mandato.
d) Do empregado sindicalizado, a partir do registro de sua candidatura a cargo de direção ou representação sindical e, se eleito, até um ano após o término do mandato, ainda que tenha dado ensejo a uma justa causa.

Resolução

A resposta correta é a alternativa "b", segundo o art. 10, b, I, ADCT (Atos das Disposições Constitucionais Transitórias).

capítulo · 3

Noções de direito empresarial e legislação societária

3.1. EVOLUÇÃO HISTÓRICA E CONCEITO

Da antiga teoria dos atos de comércio à moderna teoria da empresa, muito se evoluiu no que tange ao tratamento das práticas mercantis. Numa fase primitiva do comércio, prevaleciam as economias de subsistência, em que o excedente de produção era trocado por outras mercadorias, sendo o escambo uma das mais antigas modalidades de contrato existente. Aos poucos, surgem os intermediadores, que apesar de não estarem voltados à produção de bens, faziam com que estes circulassem em diversos mercados.

As populações camponesas na Idade Média, em face das poucas oportunidades de progresso e da exploração infligida pelos senhores feudais, detentores dos meios de produção, migraram para as cidades em busca de melhores condições de vida. Ali, organizaram-se as primeiras associações de classe, denominadas corporações de ofício, onde os artesãos produziam bens manufaturados e os vendiam aos consumidores. Essa é a fase corporativa do direito comercial, classificada como subjetiva, pois só era considerado comerciante o sujeito efetivamente ligado às referidas corporações, o qual poderia beneficiar-se de leis e tribunais próprios quando no exercício da mercancia.

A necessidade de expansão do comércio e de busca de novos mercados estimulou viagens e navegações, exigindo reformulação do tratamento do comércio. Pela teoria dos atos de comércio, deveriam ser beneficiados pelas leis mercantis os sujeitos que praticassem tais atos, independentemente de vinculação a qualquer associação de classe. Por esse critério objetivo, a legislação francesa definiu em seu Código Comercial um rol de atividades consideradas mercantis, na qual qualquer pessoa que se enquadrasse na descrição legal teria proteção apropriada. É a fase mercantil do direito comercial. No Brasil, seguiu-se a orientação francesa e o Código Comercial de 1850, por meio do posterior Regulamento 737, também adotou a teoria dos atos de comércio e elencou quais atividades estariam abarcadas pela legislação específica.

Mas com o surgimento de novas atividades não contempladas pela legislação mercantil, como a exploração do ramo imobiliário, surgiram insatisfações pelo fato da lei vigente encontrar-se engessada e não oferecer proteção adequada aos novos ramos de atividade que vinham se firmando, os quais, por exemplo, não podiam se beneficiar dos dispositivos da Lei de Falências, aplicável exclusivamente aos comerciantes.

Assim, inspirado pelas transformações ocorridas na Itália na década de 40, com a unificação do direito privado e adoção da teoria da empresa, o Código Civil de 2002 revogou a parte primeira do antigo Código Comercial, abandonando a já defasada teoria dos atos de comércio para regulamentar o novo direito de empresa, mais moderno e inclusivo. Essa é a fase empresarial, atualmente vivenciada no ordenamento brasileiro.

Para Nelson Dower (2006, p. 344), "o Direito Empresarial regula as atividades do empresário no que concerne à atividade econômica organizada para a produção ou a circulação de bens ou de serviços, para suprir e atender o mercado consumidor".

3.2. EMPRESÁRIO INDIVIDUAL E SOCIEDADES EMPRESÁRIAS

A empresa é atividade econômica organizada, exercida pelo empresário – que tanto pode ser pessoa física (denominada empresário individual) como jurídica (denominada sociedade empresária). Para Fábio Ulhoa Coelho (2010, p. 11-15), são características do empresário:

a) *Profissionalismo*: o empresário não atua de modo esporádico, mas habitual e pessoalmente, age em nome próprio, assume riscos e detem o monopólio das informações sobre os produtos e serviços objetos da empresa.
b) *Atividade*: a empresa é atividade, qual seja a produção ou circulação de bens ou serviços. Não se confunde com o sujeito de direito que a explora – que é o empresário (sujeito individual ou coletivo), nem com o local em que é desenvolvida, abarcado no conceito de estabelecimento.
c) *Econômica*: a empresa visa à geração de lucro para quem a explora.
d) *Organizada*: o empresário articula os fatores de produção em sua atividade (capital, mão de obra, insumos e tecnologia).
e) *Produção e circulação de bens ou serviços*: o empresário fabrica produtos e mercadorias (bens corpóreos) ou produz serviços (bens imateriais), fazendo-os circular no mercado de consumo.

De acordo com o Código Civil, em seu artigo 966, parágrafo único, não exercem atividades empresárias, mas sim atividades civis: prestadores de serviço autônomos; profissionais intelectuais de natureza científica, literária ou artística, ainda que o auxílio de empregados; os ruralistas que optaram pela não inscrição na Junta Comercial; e as cooperativas, qualquer que seja seu ramo de atividade. Mesmo que atuem com apoio de auxiliares e colaboradores não são considerados empresários, salvo se o exercício da profissão constituir elemento de empresa (ex.: médico que monta um hospital é empresário, mas se apenas trabalha naquele local, não é empresário).

O empresário individual empreende sozinho, sendo obrigatória sua inscrição na Junta Comercial antes do início de sua atividade (CC, art. 967), o que se fará mediante requerimento contendo sua qualificação (nome, nacionalidade, domicílio, estado civil, regime matrimonial de bens), firma (assinatura utilizada na atividade empresária), o capital investido (valores destinados a constituir o patrimônio empresarial), o objeto e a sede da empresa.

É preciso ter plena capacidade civil para ser empresário, sendo vedado aos menores de 18 não emancipados, aos ébrios, toxicômanos, deficientes mentais, excepcionais e pródigos o exercício da empresa. Em caso de incapacidade posterior ou para fins sucessórios, poderá o juiz autorizar a continuidade da empresa, desde que esteja o incapaz representado ou assistido por outrem (CC, art. 974).

São impedidos de empresariar (CC, art. 1011, § 1º) os condenados por crime falimentar, prevaricação, suborno, concussão, peculato, crimes contra a economia popular, contra o sistema financeiro, contra as normas de defesa da concorrência e contra as relações de consumo, enquanto perdurarem os efeitos da condenação. Também não podem empresariar os falidos não reabilitados, os magistrados, os membros do Ministério Público, os servidores públicos, os militares da ativa e os estrangeiros com visto temporário.

OBS.: Empresário casado pode alienar ou gravar de ônus real os imóveis que integram o patrimônio da empresa, desde que devidamente elencados na escrituração contábil, sem necessitar de autorização conjugal (CC, arts 978 e 1.647).

Também é possível empreender em sociedade, por meio da qual dois ou mais sócios (podendo ser pessoas físicas ou jurídicas) obrigam-se a contribuir na atividade empresária com bens e serviços, assumem em conjunto os riscos e partilham os lucros auferidos (CC, art. 981).

OBS.: Cônjuges podem contratar sociedade, entre si ou com terceiros, exceto se forem casados em regime de comunhão universal de bens ou de separação obrigatória (maiores de 60 anos, não observância de causa suspensiva, casamento com suprimento judicial), conforme dispõe o Código Civil em seu artigo 977.

Não se deve confundir a sociedade empresária (mercantil) com a sociedade simples (civil). Esta última, apesar de visar ao lucro, não organiza os fatores de produção, consistindo, geralmente, na reunião de profissionais de uma mesma área que repartem os custos de sua atuação, como no caso de uma sociedade de dentistas, arquitetos ou advogados.

Capítulo 3 – Noções de direito empresarial e legislação societária **51**

As sociedades empresárias são pessoas jurídicas de direito privado, que exploram seu objeto com empresarialidade, ou seja, mediante atividade econômica organizada para a produção e circulação de bens e serviços. Algumas sociedades, porém, não são reconhecidas como pessoas jurídicas pelo ordenamento, por não estarem devidamente registradas na Junta Comercial. São as chamadas sociedades de fato ou irregulares, as quais não possuem personalidade (não podem ser sujeitos de direitos e deveres na ordem civil).

A personificação da sociedade empresária, com a devida formalização e regularização jurídica de suas atividades, confere existência à pessoa jurídica autônoma, transformando-a em sujeito de direitos e deveres (CC, art. 985). Nas sociedades contratuais, o que vai ser arquivado nos registros é o contrato social (ex.: sociedade limitada, sociedade em nome coletivo, sociedade em comandita simples); nas sociedades institucionais ou estatutárias, o que se arquiva é o estatuto social (ex.: sociedade anônima, sociedade cooperativa e sociedade em comandita por ações).

O contrato social, segundo o art. 997 do Código Civil, deve necessariamente mencionar:

I – nome, nacionalidade, estado civil, profissão e residência dos sócios, se pessoas naturais, e a firma ou a denominação, nacionalidade e sede dos sócios, se jurídicas;

II – denominação, objeto, sede e prazo da sociedade;

III – capital da sociedade, expresso em moeda corrente, podendo compreender qualquer espécie de bens, suscetíveis de avaliação pecuniária;

IV – a quota de cada sócio no capital social, e o modo de realizá-la;

V – as prestações a que se obriga o sócio, cuja contribuição consista em serviços;

VI – as pessoas naturais incumbidas da administração da sociedade, e seus poderes e atribuições;

VII – a participação de cada sócio nos lucros e nas perdas;

VIII – se os sócios respondem, ou não, subsidiariamente, pelas obrigações sociais.

No entendimento de Fábio Ulhoa Coelho (2010), o contrato social para ser válido precisa ser celebrado por agente capaz, ter objeto lícito e possível e forma prescrita ou não defesa em lei (CC, art. 104); bem como apresentar pluralidade de sócios – todos devem contribuir para a formação do capital social com bens, créditos ou dinheiro, sob pena de ser decretada sua anulação ou declarada sua nulidade. Deverá conter, ainda, as cláusulas indispensáveis para efetivação de seu registro (qualificação dos sócios, objeto social, nome empresarial, sede, capital social etc.), o visto de um advogado (Estatuto da OAB, art. 1º, § 2º) e as demais cláusulas fixando as regras de funcionamento da sociedade. O contrato social tem forma escrita, pode ser feito por instrumento particular ou público (lavrado por tabelião) e comporta alterações por vontade dos sócios ou mesmo por decisão judicial.

As sociedades contratuais são sempre "sociedades de pessoas", ou seja, seu elemento predominante são os sócios, cuja vontade prevalece no que tange à constituição e funcionamento da sociedade empresária (*affectio societatis* – vontade de se associar e empreender em conjunto, levando-se em consideração características e aptidões pessoais dos sócios). Por seu turno, as sociedades institucionais são "sociedades de capital", há menos relevância quanto à vontade dos sócios do que quanto à contribuição financeira que realiza, prevalecendo o interesse do capital que nelas circula.

Uma vez regularmente constituída, a sociedade empresária passa a possuir titularidade negocial (pode celebrar negócios jurídicos em nome próprio, sendo parte contratante); titularidade processual (pode ser parte processual, demandando e sendo demandada em juízo) e responsabilidade patrimonial (tem patrimônio próprio e inconfundível com o patrimônio pessoal dos sócios que compõem a sociedade), recebendo ampla proteção da ordem jurídica (FÁBIO ULHOA COELHO, 2010).

A responsabilidade da sociedade empresária pelas obrigações que assume é sempre ilimitada, todo o seu patrimônio está vinculado à satisfação de eventuais credores. No entanto, a responsabilidade dos sócios é subsidiária, ou seja, somente em caso de esgotamento do patrimônio da pessoa jurídica será possível atacar o patrimônio particular dos sócios (CC, arts. 1.023 e 1.024).

Conforme o tipo societário, há sócios que respondem ilimitadamente pelas obrigações sociais (ex.: sociedade em nome coletivo); outros que possuem responsabilidade limitada, o sócio responde apenas pelo montante com que contribui para a formação do capital social (ex.: sociedades limitadas); e outras situações de responsabilidade mista, nas quais alguns sócios respondem ilimitadamente e outros limitadamente pelas obrigações sociais (ex.: sociedade em comandita).

Diversos são os tipos societários e suas características, conforme demonstra o quadro a seguir:

Tipo societário	Características	Previsão legal
Sociedade em comum	Não personificada, com responsabilidade ilimitada dos sócios pelas obrigações sociais. Abrange a sociedade irregular (com ato constitutivo, porém sem registro na Junta Comercial) e a sociedade de fato (que sequer possui ato constitutivo).	CC, arts. 986 a 990
Sociedade em conta de participação	Não personificada, representa um "contrato de gaveta" entre os sócios, pois apenas um sócio ostensivo aparece e celebra negócios perante terceiros, em nome individual e exclusiva responsabilidade, porém reparte os lucros da atividade com um sócio oculto, denominado "participante". Não configura, pois, pessoa jurídica, somente surtindo efeitos entre os sócios contratantes.	CC, arts. 991 a 996
Sociedade simples	Personificada e contratual, consiste em prestadora de serviços, sujeita a registro no Cartório de Registro de Pessoas Jurídicas. Não exerce atividade empresária, mas civil.	CC, arts. 997 a 1.038
Sociedade em nome coletivo	Personificada, contratual, prevê responsabilidade solidária e ilimitada de todos os sócios, é constituída exclusivamente por pessoas físicas e gerida apenas por sócios.	CC, arts. 1.039 a 1044

Tipo societário	Características	Previsão legal
Sociedade em comandita simples	Personificada, contratual, possui duas categorias de sócios: comanditados (pessoas físicas) e comanditários (pessoas físicas ou jurídicas), os primeiros com responsabilidade solidária e ilimitada, por administrarem a sociedade; e os segundos com responsabilidade limitada ao valor de sua contribuição, por serem prestadores de capital, sem poder de gestão.	CC, arts. 1.045 a 1.051
Sociedade limitada	Personificada, contratual, com responsabilidade limitada ao montante do capital investido, há nítida separação do patrimônio particular dos sócios. OBS: sócio remisso – ainda não integralizou seu capital social.	CC, arts. 1.052 a 1.087
Sociedade anônima	Personificada, institucional, com capital organizado em ações livremente negociáveis e responsabilidade limitada dos acionistas à subscrição destas ações. Por determinação legal, é sempre sociedade empresária, qualquer que seja seu objeto de atuação. Pode ser aberta ou fechada, conforme seus títulos sejam ou não negociáveis em Bolsas de Valores.	CC, arts. 1.088 e 1.089 Lei nº 6.404/1976
Sociedade em comandita por ações	Personificada, institucional, com responsabilidade mista dos sócios, conforme sejam comanditados (ilimitada) ou comanditários (limitada), seu capital é dividido em ações. É regida pelas normas de sociedades anônimas.	CC, arts. 1.090 a 1.092 Lei nº 6.404/1976
Sociedade cooperativa	Personificada, institucional, pode ser estipulada responsabilidade limitada ou ilimitada para os sócios cooperados. Por determinação legal, é sempre sociedade simples, qualquer que seja seu objeto de atuação.	CC, arts. 1.093 a 1.096 Lei nº 5.764/1971

Tipo societário	Características	Previsão legal
Sociedades coligadas	a) Controladas: sociedades de cujo capital outra sociedade possua a maioria dos votos nas deliberações ou poder de eleger administradores; sociedades cujo controle esteja em poder de outra, mediante ações ou quotas; b) Coligadas/filiadas: sociedade de cujo capital outra sociedade participa com dez por cento ou mais do capital da outra, sem controlá-la; c) De simples participação: sociedades de cujo capital outra sociedade possua menos de dez por cento do capital com direito de voto.	CC, arts. 1.097 a 1.101

Podem as sociedades sofrer modificações em sua estrutura. Na lição de Sérgio Pinto Martins (2010), isto pode se dar por:

a) transformação: a sociedade passa, independentemente de liquidação ou dissolução, de um tipo para outro, por consenso dos sócios (ex.: sociedade limitada se transforma em sociedade anônima);

b) incorporação: uma ou várias sociedades são absorvidas por outra, que lhes sucede nos direitos e obrigações;

c) fusão: duas ou mais sociedades se unem para formar uma nova sociedade, que lhe sucederá em todos os direitos e obrigações;

d) cisão: a companhia transfere parcelas de seu patrimônio para uma ou mais sociedades, constituídas para este fim ou já existentes.

3.3. ADMINISTRAÇÃO SOCIETÁRIA

Os tipos societários mais comuns no direito brasileiro são as sociedades limitadas e as sociedades anônimas, amplamente reguladas pela legislação. A administração das sociedades limitadas pode competir a uma ou mais pessoas, sócias ou não sócias, definidas no bojo do contrato social ou em ato apartado, sendo escolhidas e destituídas pelos sócios, com ou sem prazo de duração de seu mandato. Para administrador não sócio, é necessária expressa autorização no contrato social, e sua designação depende da aprovação unânime dos sócios – enquanto o capital não estiver integralizado – e de no mínimo dois terços após a integralização (CC, art. 1061). O administrador deve prestar contas anuais em assembleia, balanços e resultados.

OBS.: Investidura no cargo: mediante termo de posse no livro de atas da administração, dentro de 30 dias após a designação, sob pena de perder o efeito. A averbação de nomeação no registro competente deve dar-se em 10 dias após a investidura (CC, art. 1.062);

Cessação do exercício do cargo: a) destituição do titular; b) término de prazo fixado, se não houver recondução; c) aprovação de titulares de quotas correspondentes a 2/3 do capital social, salvo disposição em contrário; d) renúncia por escrito, somente válida perante terceiros após averbação e publicação pelos órgãos competentes (CC, art. 1.063, § 1º a 3º).

Por sua vez, a Lei de Sociedades por Ações (LSA), nº 6.404/1976, trata da administração da sociedade anônima impondo aos membros do conselho de administração e da diretoria dever de diligência, de lealdade e de informar acerca de deliberações que possam refletir nas decisões de investidores, especialmente no que tange às companhias abertas. Para Gladston Mamede (2009), o ato praticado pelo administrador em nome da companhia, dentro dos poderes concedidos no estatuto, não o obrigam pessoalmente, porém, se atuar com culpa ou dolo, violando a lei ou estatuto social, responderá civilmente pelos danos que causar, a menos que o juiz se convença de sua boa-fé e atuação no interesse da companhia. Em caso de prejuízos causados pelo não cumprimento de deveres impostos por lei, para o bom funcionamento da companhia, todos os administradores serão solidariamente responsáveis pela lesão, ainda que pelo estatuto tais deveres não caibam a todos eles. A ação de reparação deverá ser ajuizada pela própria companhia contra o administrador, a partir de deliberação em assembleia. Se isto não for feito em três meses, qualquer acionista poderá ajuizá-la.

3.4. DISSOLUÇÃO PARCIAL OU TOTAL DA SOCIEDADE

Pelo princípio da preservação da empresa, faz-se necessário envidar todos os esforços possíveis para a manutenção da atividade empresária, dada sua importância e repercussão no meio social, tendo em vista a geração de empregos, tributos e a circulação de riquezas por ela propiciada. Para Fábio Ulhôa Coelho (2010)

> A tendência atual do direito comercial, no que diz respeito às questões envolvendo os sócios, é a de procurar preservar a empresa. Em razão dos múltiplos interesses que gravitam em torno da produção e circulação de riquezas e comodidades, reservadas à empresa pela ordem constituída, inclusive a constitucional, a sua existência e desenvolvimento deixa de ser da exclusiva alçada de seus sócios. [...] Os assuntos particulares dos sócios, seus atos ilícitos, sua inaptidão para a vida de empreendedor, seus desentendimentos, devem ser equacionados e solucionados juridicamente, com o mínimo de comprometimento da atividade econômica explorada pela sociedade (p. 170).

Não obstante, as sociedades podem dissolver-se total ou parcialmente, conforme todos ou parte dos vínculos que as originaram cheguem ao fim. De acordo com o Código Civil (art. 1.028 e ss.), a dissolução pode ocorrer extrajudicialmente (por deliberação dos sócios) ou judicialmente (por determinação da justiça).

São causas de dissolução parcial da sociedade: a) acordo entre as partes; b) retirada de sócio (direito que pode ser invocado a qualquer tempo nas sociedades com prazo indeterminado), mediante notificação aos demais com antecedência mínima de 60 dias (OBS.: nas sociedades com prazo determinado, a retirada só é permitida com prova de justa causa em juízo); c) exclusão de sócio (falido; remisso que não integraliza sua quota após ser notificado; cometimento de falta grave; incapacidade superveniente); c) morte de sócio, sem que os herdeiros o tenham substituído; e) liquidação de quota de sócio por credores.

A dissolução total da sociedade ocorre: a) por vontade unânime dos sócios; b) por decurso do prazo para o qual foi constituída; c) por falência da sociedade empresária; d) por exaurimento ou inexequibilidade do objeto social, inviabilizando a atividade empresária; e) por falta de pluralidade de sócios por mais de 180 dias; f) por extinção, na forma da lei, de autorização para funcionar.

A dissolução parcial promove apuração dos haveres da sociedade, reembolsando-se o sócio dissidente ou seus sucessores; a dissolução total implica a liquidação da sociedade, com respectiva partilha patrimonial.

Esclarece Gladston Mamede (2009) que no caso das sociedades anônimas, a dissolução pode ocorrer: a) de pleno direito - por término do prazo de duração, ocorrência de hipóteses previstas em estatuto, deliberação de assembleia geral, extinção da autorização para funcionar, ou se for reduzida a um único acionista; b) por decisão judicial – quando anulada sua constituição, quando provado que não pode preencher seus fins, e em caso de falência.

3.5. INSOLVÊNCIA, RECUPERAÇÃO EMPRESARIAL, FALÊNCIA E LIQUIDAÇÃO

No que tange às obrigações contraídas pelas pessoas físicas e jurídicas, é sabido que seu patrimônio deverá responder por eventuais inadimplementos, ou seja, uma vez descumprida determinada obrigação por parte do devedor, fica o credor autorizado a exigi-la em juízo, inclusive executando seus bens como forma de satisfação de seu crédito. Ocorre que, em alguns casos, o patrimônio do devedor é insuficiente para quitação de todas as obrigações assumidas perante diversos credores, sendo a soma de seus bens e créditos inferiores à totalidade de seus débitos e, portanto, insuficientes para o pagamento de suas dívidas. Nesse caso, verifica-se um estado de insolvência patrimonial, provocando um concurso de credores para que haja critérios mais justos de pagamento e para que um credor não seja beneficiado em detrimento dos demais. Como esclarece Fábio Ulhôa Coelho (2010)

> Os credores do devedor que não possui condições de saldar, na integralidade, todas as suas obrigações devem receber do direito um tratamento parificado, dando-se aos que integram uma mesma categoria iguais chances de efetivação de seus créditos (p. 348).

Na esfera civil, o procedimento de insolvência é regulado pelo Código de Processo Civil, aplica-se a pessoas naturais, sociedades simples, cooperativas, associações e fundações. Já os empresários individuais e sociedades empresárias são regidos por um procedimento diferenciado, regulamentado pela Lei nº 11.101/2005 (Lei de Recuperação e Falência), calcado nos princípios da função social e da preservação da empresa.

A atividade empresária tem enorme repercussão na vida social, pois significa a produção e circulação de bens e serviços, gerando riquezas, tributos, empregos, renda, desenvolvimento tecnológico e fomento econômico no plano nacional e internacional. Compete ao legislador propiciar todas as condições possíveis para que empresários em dificuldades financeiras possam retomar sua atuação regular e sanear a empresa, preservar suas relações com o Estado, fornecedores, clientes e trabalhadores e cumprir a importante função social de fortalecimento da economia.

OBS.: A Lei de falências não se aplica total ou parcialmente nos seguintes casos: empresas públicas, sociedades de economia mista, instituições financeiras, administradoras de consórcios, entidades de previdência complementar, operadoras de planos de saúde, seguradoras e sociedades de capitalização.

3.5.1. Falência

Considera-se falência o processo de execução contra empresários insolventes, é caracterizada pela impontualidade injustificada no pagamento de obrigações líquidas (certas quanto à sua existência e determinadas quanto ao seu montante) constantes de títulos (duplicatas, cheques, notas promissórias) capazes de ensejar ação executiva.

Trata-se de execução coletiva, na qual todo o patrimônio do empresário declarado falido é arrecadado para pagamento de uma universalidade de credores, de forma completa ou proporcional. Compreende a arrecadação, administração e conservação de bens, bem como a verificação e acerto dos créditos, para a posterior liquidação dos bens e rateio dos valores apurados entre os credores, segundo uma ordem de preferência estipulada em lei.

OBS.: Ordem de preferência creditória, segundo o artigo 83 da LRF: 1º – Créditos trabalhistas, limitados a 150 salários-mínimos por credor, e os decorrentes de acidentes do trabalho; 2º – créditos com garantia real, até o limite do valor do bem gravado; 3º – créditos tributários, excetuadas as multas; 4º – créditos com privilégio especial; 5º – créditos com privilégio geral; 6º – créditos quirografários; 7º – as multas contratuais e as penas pecuniárias por infração das leis penais ou administrativas, inclusive as multas tributárias; 8º – créditos subordinados: a) previstos em lei ou em contrato e b) créditos dos sócios e administradores sem vínculo empregatício.

São legitimados para requerer a falência: a) o próprio devedor (autofalência, na qual o empresário apresenta petição com as razões de impossibilidade de prosseguimento de suas atividades); b) em caso de falecimento do devedor, o cônjuge sobrevivente, qualquer herdeiro ou o inventariante; c) cotista ou acionista do devedor, de acordo com a lei ou com o ato constitutivo da sociedade; d) qualquer credor.

De acordo com o artigo 94 da LRF, são requisitos para decretação de falência do devedor:

I – sem relevante razão de direito, o devedor não paga, no vencimento, obrigação líquida materializada em título ou títulos executivos protestados cuja soma ultrapasse o equivalente a 40 (quarenta) salários-mínimos na data do pedido de falência, o pedido deve ser instruído com títulos executivos acompanhados do nome, endereço do credor, endereço em que receberá comunicação de qualquer ato do processo e instrumentos de protesto para fim falimentar nos termos da legislação específica;

II – devedor que, executado por qualquer quantia líquida, não paga, não deposita e não nomeia à penhora bens suficientes dentro do prazo legal, deve ser instruída com a certidão expedida pelo juízo em que se processa a execução;

Capítulo 3 – Noções de direito empresarial e legislação societária   61

III – devedor que pratica os seguintes atos de falência, exceto se fizer parte de plano de recuperação judicial: a) procede à liquidação precipitada de seus ativos ou lança mão de meio ruinoso ou fraudulento para realizar pagamentos; b) realiza ou, por atos inequívocos, tenta realizar, com o objetivo de retardar pagamentos ou fraudar credores, negócio simulado ou alienação de parte ou da totalidade de seu ativo a terceiro, credor ou não; c) transfere estabelecimento a terceiro, credor ou não, sem o consentimento de todos os credores e sem ficar com bens suficientes para solver seu passivo; d) simula a transferência de seu principal estabelecimento com o objetivo de burlar a legislação ou a fiscalização ou para prejudicar credor; e) dá ou reforça garantia a credor por dívida contraída anteriormente sem ficar com bens livres e desembaraçados suficientes para saldar seu passivo; f) ausenta-se sem deixar representante habilitado e com recursos suficientes para pagar os credores, abandona estabelecimento ou tenta ocultar-se de seu domicílio, do local de sua sede ou de seu principal estabelecimento; g) deixa de cumprir, no prazo estabelecido, obrigação assumida no plano de recuperação judicial. Nestas hipóteses, o pedido de falência descreverá os fatos que a caracterizam, juntando-se as provas que houver e especificando-se as que serão produzidas.

O juízo falimentar é indivisível, possui competência para conhecer todas as ações sobre bens, interesses e negócios do falido, salvo causas trabalhistas e fiscais. O processamento da falência se dará no local do principal estabelecimento do devedor, o qual, uma vez citado, poderá, em 10 dias: depositar a quantia devida sem contestar (o processo de falência se extingue); depositar e contestar o pedido de falência (que poderá ser negado ou aceito pelo juiz); não contestar, nem depositar (a falência será então declarada); ou somente contestar o pedido. O juiz, caso venha a analisar as razões de defesa, poderá denegar ou declarar a falência.

OBS.: Dentre várias razões de defesa, poderá o devedor alegar: falsidade do título, prescrição, nulidade da obrigação, pagamento da dívida, vício no instrumento de protesto, cessação da atividade empresária mais de 2 anos antes do pedido de falência, ilegitimidade da cobrança etc.

Caso a falência seja declarada por sentença, seguem-se alguns efeitos importantes:

a) Para o falido: dever de assinar termo de comparecimento, não se ausentar sem motivo justo e comunicação ao juiz, entregar livros, papéis e documentos ao administrador judicial, direito de fiscalizar a administração da massa falida etc.

b) Para os credores: direito ao vencimento antecipado de suas obrigações contra o falido, fiscalização da administração da massa, suspensão da cobrança de juros, exceto nas obrigações com garantia real e credores de debêntures, suspensão das ações individuais contra o falido, salvo exceções legais.

c) Para os bens do falido: todos os bens são afetados, incluindo direitos e ações. Excetuam-se os bens impenhoráveis, inalienáveis, a meação do cônjuge. Os demais ficam sob a guarda e conservação do administrador judicial, podendo também o falido ser nomeado seu depositário.

d) Para os contratos do falido: devem ser cumpridos pelo administrador, se forem reduzir ou evitar o aumento do passivo da massa falida, ou necessários para a manutenção e preservação de seus ativos.

É possível, ainda, lacrar o estabelecimento se houver risco na arrecadação de bens ou para preservação de interesses dos credores; revogar alguns atos praticados pelo falido antes da declaração da falência (renúncias a direitos patrimoniais, constituição de garantias, pagamentos de dívidas não vencidas, dentre outros), bem como reaver bens transferidos a terceiros, o que é feito por meio de ação revocatória, utilizada para atingir atos praticados na intenção de prejudicar os credores do falido.

Na fase de liquidação, haverá realização do ativo para pagar o passivo do devedor (conversão dos bens do devedor em dinheiro para satisfação de suas dívidas), de acordo com a ordem creditória estipulada em lei.

De acordo com o artigo 158 da LRF, as obrigações do falido extinguem-se nas seguintes hipóteses: pagamento de todos os créditos; pagamento, depois de realizado todo o ativo, de 50% dos créditos quirografários; o decurso do prazo de 5 anos após o encerramento da falência se não houve prática de crime falimentar ou de 10 anos se houve prática de crime falimentar.

3.5.2. Recuperação judicial e extrajudicial

A recuperação judicial consiste em uma ação que objetiva a reorganização das atividades empresárias para supercar sua crise econômica e financeira e assim preservar a empresa, sua função social e o estímulo à atividade econômica. Essa medida, introduzida pela Lei nº 11.101/2005 (Lei de Falência e Recuperação), substituiu o anterior instituto da concordata. Somente as empresas consideradas viáveis poderão ser objetos de recuperação, cabendo ao Judiciário esta análise.

Na recuperação judicial poderão ser empregados os seguintes meios (LRF, art. 50):

I – concessão de prazos e condições especiais para pagamento das obrigações vencidas ou vincendas;

II – cisão, incorporação, fusão ou transformação de sociedade, constituição de subsidiária integral, ou cessão de cotas ou ações, respeitados os direitos dos sócios, nos termos da legislação vigente;

III – alteração do controle societário;

IV – substituição total ou parcial dos administradores do devedor ou modificação de seus órgãos administrativos;

V – concessão aos credores de direito de eleição em separado de administradores e de poder de veto em relação às matérias que o plano especificar;

VI – aumento de capital social;

VII – trespasse ou arrendamento de estabelecimento, inclusive à sociedade constituída pelos próprios empregados;

VIII – redução salarial, compensação de horários e redução da jornada, mediante acordo ou convenção coletiva;

IX – dação em pagamento ou novação de dívidas do passivo, com ou sem constituição de garantia própria ou de terceiro;

X – constituição de sociedade de credores;

XI – venda parcial dos bens;

XII – equalização de encargos financeiros relativos a débitos de qualquer natureza, tendo como termo inicial a data da distribuição do pedido de recuperação judicial, aplicando-se, inclusive, aos contratos de crédito rural, sem prejuízo do disposto em legislação específica;

XIII – usufruto da empresa;

XIV – administração compartilhada;

XV – emissão de valores mobiliários;

XVI – constituição de sociedade de propósito específico para adjudicar, em pagamento dos créditos, os ativos do devedor.

Além do empresário que exerça regularmente suas atividades há mais de 2 (dois) anos, podem requerer a recuperação judicial o cônjuge sobrevivente, herdeiros, inventariantes ou sócio remanescente, desde que observadas as seguintes condições (LRF, art. 48):

I – não ser falido e, se o foi, estejam declaradas extintas, por sentença transitada em julgado, as responsabilidades daí decorrentes;

II – não ter, há menos de 5 (cinco) anos, obtido concessão de recuperação judicial;

III – não ter, há menos de 8 (oito) anos, obtido concessão de recuperação judicial com base no plano especial;

IV – não ter sido condenado ou não ter, como administrador ou sócio controlador, pessoa condenada por qualquer dos crimes previstos na Lei Falimentar.

A recuperação judicial divide-se em três etapas:

a) *Fase postulatória*: é a fase do requerimento do benefício da recuperação judicial, com exposição das causas concretas da situação patrimonial do devedor e das razões da crise econômico-financeira; demonstrações contábeis relativas aos 3 (três) últimos exercícios sociais; relação nominal completa dos credores; relação integral dos empregados; certidão de regularidade do devedor no Registro Público de Empresas, o ato constitutivo atualizado e as atas de nomeação dos atuais administradores; relação dos bens particulares dos sócios controladores e dos administradores do devedor; dentre outros documentos legalmente exigíveis.

b) *Fase deliberativa*: estando a documentação exigida em ordem, o juiz determinará o processamento da recuperação judicial, nomeará administrador judicial; determinará a dispensa da apresentação de certidões negativas para que o devedor exerça suas atividades, salvo exceções legais; ordenará a suspensão de todas as ações ou execuções contra o devedor, e demais medidas pertinentes. O devedor não poderá desistir do pedido de recuperação judicial após o deferimento de seu processamento, salvo se obtiver aprovação da desistência na assembleia-geral de credores. O plano de recuperação será apresentado pelo devedor em juízo no prazo improrrogável de 60 (sessenta) dias da publicação da decisão que deferir o processamento da recuperação judicial, sob pena de transformação em falência.

c) *Fase de execução*: o devedor permanecerá em recuperação judicial até que se cumpram todas as obrigações previstas no plano que se vencerem até 2 (dois) anos depois da concessão da recuperação judicial. Durante esse período, o descumprimento de qualquer obrigação prevista no plano acarretará a convolação da recuperação em falência. Em todos os atos, contratos e documentos firmados pelo devedor sujeito ao procedimento de recuperação judicial deverá ser acrescida, após o nome empresarial, a expressão "em recuperação judicial".

Há também a possibilidade de recuperação extrajudicial, na qual o devedor poderá procurar seus credores para tentar encontrar uma saída negociada para a crise vivenciada pelo empresário. Estando todos os envolvidos de acordo, assinam instrumentos de novação de dívidas ou renegociação e assumem obrigações capazes de proporcionar o reerguimento do devedor. Este plano será levado para homologação judicial, cujos requisitos abrangem:

I – exercício regular de atividades há mais de 2 (dois) anos;

II – não ser falido e, se o foi, estejam declaradas extintas, por sentença transitada em julgado, as responsabilidades daí decorrentes;

III – não ter, há menos de 5 (cinco) anos, obtido concessão de recuperação judicial;

IV – não ter, obtido concessão de recuperação judicial;

V – não ter sido condenado ou não ter, como administrador ou sócio controlador, pessoa condenada por qualquer dos crimes previstos na Lei Falimentar;

VI – o plano não poderá contemplar o pagamento antecipado de dívidas nem tratamento desfavorável aos credores que a ele não estejam sujeitos;

VII – não pode abranger os créditos constituídos após a data do pedido de homologação.

A homologação poderá ser facultativa ou obrigatória. Quando todos os credores estiverem de acordo, a homologação judicial é facultativa. Na concordância de somente 3/5 dos credores, a homologação será obrigatória para atingir a totalidade dos credores.

OBS.: Não estão obrigados ao plano de recuperação extrajudicial os seguintes credores: a) credores trabalhistas (também acidentes de trabalho); b) credores tributários; c) proprietário fiduciário, arrendador mercantil, vendedor ou promitente-vendedor de imóvel; d) credores decorrentes de adiantamento de contrato de câmbio para exportação.

3.6. QUESTÕES DE EXAMES

01. (TÉCNICO – 2º/2004) Assinale a alternativa INCORRETA em relação à caracterização e à inscrição do empresário:

a) Considera-se empresário quem exerce, profissionalmente, atividade econômica organizada para a produção ou a circulação de bens ou de serviços.

b) Considera-se empresário quem exerce profissão intelectual, de natureza científica, literária ou artística, ainda com o concurso de auxiliares ou colaboradores, independentemente se o exercício da profissão constitui elemento de empresa.

c) A inscrição do empresário far-se-á mediante requerimento que contenha: o seu nome, nacionalidade, domicílio, estado civil e, se casado, o regime de bens; a firma, com a respectiva assinatura autógrafa; o capital; o objeto; e a sede da empresa.

d) A inscrição do empresário é obrigatória no Registro Público de Empresas Mercantis da respectiva sede antes do início de sua atividade.

Resolução

A resposta correta é a alternativa "b".

02. (CONTADOR – 1º/2002) O tipo societário em que todos os sócios respondem ilimitadamente pelas obrigações sociais é:

a) Em comandita simples.
b) De capital e indústria.
c) Em nome coletivo.
d) Por quotas de responsabilidade limitada.

Resolução

A resposta correta é a alternativa "c", conforme o Código Civil, art. 1039.

03. (CONTADOR – 1º/2002) São coligadas as sociedades quando uma participa com:

a) No mínimo, 5% (cinco por cento) do capital da outra.

b) No máximo, 5% (cinco por cento) do capital da outra, sem controlá-la.
c) 10% (dez por cento) ou mais, do capital da outra, sem controlá-la.
d) 40% (quarenta por cento) do capital da outra e deter o controle acionário.

Resolução

A resposta correta é a alternativa "c", segundo o CC, art. 1099.

04. (TÉCNICO – 1º/2002) A sociedade por quotas de responsabilidade limitada é caracterizada, principalmente, pela limitação da responsabilidade ao valor total do capital social. Indique abaixo a ocorrência que altera essa situação, tornando os sócios gerentes e os que fizerem uso da firma social, solidária e ilimitadamente responsáveis:

a) A omissão da palavra limitada na denominação social.
b) A falta de entrega da Declaração de Imposto de Renda.
c) A omissão da palavra sociedade na denominação social.
d) A falta detalhada do objeto social no contrato social.

Resolução

A resposta correta é a alternativa "a", segundo o disposto no art. 3º do Decreto-Lei nº 3.708 de 10.1.1919.

05. (CONTADOR – 2º/2002) Na sociedade em conta de participação, podemos afirmar que:

a) Nenhum sócio é pessoalmente responsável perante terceiros pelas obrigações sociais, desde que atuando dentro dos limites do objeto social.
b) O sócio ostensivo é o único que se obriga para com terceiro.
c) Seu capital social deve ser integralizado apenas em dinheiro.

Capítulo 3 – Noções de direito empresarial e legislação societária 69

d) Sua constituição exige pelo menos dois sócios, dos quais um contribuirá para a sociedade com trabalho e o outro com capital.

Resolução

A resposta correta é a alternativa "b", segundo o CC, art. 991, parágrafo único.

06. (CONTADOR – 1º/2004) A sociedade entre cônjuges NÃO é permitida se estiverem casados sob o regime

a) Da comunhão parcial de bens ou da comunhão universal de bens.
b) Da comunhão parcial de bens ou da separação obrigatória.
c) Da comunhão universal de bens ou da separação obrigatória.
d) Da separação de bens ou da comunhão parcial de bens.

Resolução

A resposta correta é a alternativa "c", segundo o art. 977 do Código Civil Brasileiro.

07. (CONTADOR – 1º/2004) A sociedade limitada pode ser administrada por uma ou mais pessoas, designadas em contrato ou em ato separado, podendo ser elas sócios ou não. A permissão de administradores não sócios depende da aprovação:

a) De: no mínimo, 2/3 dos sócios, independentemente da integralização do capital social.
b) De: no mínimo, 2/3 dos sócios, quando o capital não tiver sido integralizado, e por unanimidade, após a integralização.
c) Unânime dos sócios, independentemente da integralização do capital social.
d) Unânime dos sócios, quando o capital não tiver sido integralizado, e de 2/3 deles, no mínimo, após a integralização.

Resolução

A resposta correta é a alternativa "d", conforme os arts. 1060 e 1061 do Código Civil Brasileiro.

08. (CONTADOR – 2º/2004) Numa sociedade composta de três sócios, no caso de morte de um deles:

a) A sociedade fica, automaticamente, dissolvida.
b) A sociedade, para prosseguir, depende de autorização judicial.
c) Os sócios remanescentes podem prosseguir com a sociedade juntamente com os herdeiros do *de cujus*, se tal constar de cláusula contratual societária.
d) Os sócios sobrevindos deverão, em qualquer hipótese, ser consultados da conveniência da dissolução da sociedade.

Resolução

A resposta correta é a alternativa "c", conforme o disposto no art. 1.028 do Código Civil Brasileiro.

09. (TÉCNICO – 2º/2002) O conceito de incorporação ocorre quando:

a) Se unem duas ou mais sociedades para formar uma sociedade nova, que lhes sucederá em todos os direitos e obrigações.
b) A companhia transfere parcelas do seu patrimônio para uma ou mais sociedades, constituídas para esse fim ou já existentes.
c) A sociedade passa, independentemente, de dissolução e liquidação, de um tipo para outro.
d) Uma ou mais sociedades são absorvidas por outra, que lhes sucede em todos os direitos e obrigações.

Resolução

A resposta correta é a alternativa "d", segundo o CC, art. 1116.

Capítulo 3 – Noções de direito empresarial e legislação societária 71

10. Durante o processo de falência:

a) fica suspenso o curso da prescrição e de todas as ações e execuções em face do devedor.
b) o curso de prescrição relativa às obrigações do falido não se suspende, uma vez que elas passam à massa administrada pelo síndico.
c) o curso da prescrição fica suspenso apenas em relação aos créditos da Fazenda Pública, correndo normalmente os demais prazos prescricionais.
d) fica suspenso o prazo de prescrição das obrigações do falido, apenas em relação a créditos quirografários e desde que o Juiz assim o determine.

Resolução

A resposta correta é a alternativa "a", segundo o artigo 6º da Lei nº 11.10/2005 (Nova Lei de Falências).

11. Assinale a alternativa em que os créditos mencionados encontram-se alinhados em ordem decrescente de preferência na falência.

a) Quirografários, subquirografários e trabalhistas.
b) Trabalhistas, com privilégio geral e tributários.
c) Decorrentes de acidente do trabalho, com privilégio especial e quirografários.
d) Trabalhistas, com garantia real e previdenciários.

Resolução

A resposta correta é a alternativa "c", segundo o artigo 83, incisos I, IV e VI da Lei de Falências.

12. A administração da falência é exercida por um administrador judicial, sob a imediata superintendência e direção do juiz. Dentre as alternativas abaixo, qual delas apresenta as características exigidas de pessoa que pode ser administrador judicial:

a) experiência contábil e formação em direito.

b) profissional idôneo, sem qualquer preferência com relação a área na qual atua.

c) pessoa ligada ao falido diretamente e que já lidou com situação de falência anteriormente.

d) profissional idôneo, preferencialmente advogado, contador, economista ou administrador de empresas.

Resolução

A resposta correta é a alternativa "d", segundo o contido no artigo 21 da Lei de Falências.

13. Sobre a recuperação judicial, além do devedor não ser falido ou ter sentença de falência extinta, também é necessário que:

a) não tenha obtido concessão de recuperação judicial nos últimos 05 anos.

b) não ter sido condenado, ou não ter sócio condenado, a qualquer dos crimes previstos na Lei 11.101/2005.

c) não ter obtido concessão de recuperação judicial por plano especial nos últimos 08 anos.

d) todas as alternativas acima, de forma cumulativa.

Resolução

A resposta correta é a alternativa "d", segundo o artigo 48 da LRF.

14. A falência pode ser requerida:

a) Apenas pelo credor com garantia real.

b) Somente pelo credor quirografário.

c) Por qualquer credor.

d) Pelo Ministério Público, ou mesmo decretada de ofício pelo Juiz.

Resolução

A resposta correta é a alternativa "c", segundo o artigo 97 da LRF.

15. Todos abaixo poderão requer a falência do devedor, exceto:
a) o cotista ou acionista do devedor.
b) o ex-cônjuge de credor do devedor.
c) o cônjuge sobrevivente, qualquer herdeiro do devedor ou o inventariante.
d) o próprio devedor.

Resolução

A resposta correta é a alternativa "b", segundo o artigo 97 da LRF.

capítulo · 4

Noções de direito tributário e legislação tributária

4.1. SISTEMA TRIBUTÁRIO NACIONAL E CÓDIGO TRIBUTÁRIO NACIONAL

Para Paulo de Barros Carvalho (2005), o direito tributário é integrado pelo conjunto de proposições jurídico-normativas que correspondam, direta ou indiretamente, à instituição, arrecadação e fiscalização de tributos. As normas que regem este ramo do Direito estão presentes na Constituição Federal de 1988 (arts. 145 e seguintes) e no CTN – Código Tributário Nacional (Lei nº 5.172/66).

Entende-se por sistema tributário nacional as disposições constitucionais referentes a tributos. Tais disposições tratam dos aspectos estruturais básicos do ordenamento jurídico-tributário, contendo regras que devem ser seguidas pelos legisladores infraconstitucionais, bem como pela Administração Pública e o Poder Judiciário, no exercício de suas respectivas funções. A Constituição Federal, em si, não cria tributos, apenas reparte o poder estatal de tributar entre os vários entes políticos (União Estados, DF e Municípios), de modo que cada um possua competência própria para impor prestações tributárias, dentro dos limites constitucionais estipulados.

O Código Tributário Nacional (Lei nº 5172/66), embora tenha sido criado como lei federal ordinária, foi recepcionado pela Constituição Federal de 88 e adquiriu eficácia de lei complementar, prestando-se a disciplinar o sistema tributário nacional e a instituir normas gerais de direito tributário aplicáveis aos entes da federação.

Esclarece Eduardo de Moraes Sabbag (2005), que a relação jurídica tributária compõe-se pelo Fisco no pólo ativo (credor) e pelos contribuintes no pólo passivo (devedor), na qual o primeiro avança sobre o patrimônio do segundo para retirar valores, denominados tributos, carreando-os para seus cofres. Porém, este poder de tributar não é absoluto, posto que restringido pelas limitações constitucionais, seja no interesse do cidadão e da comunidade, seja no interesse do relacionamento entre os próprios entes tributantes.

OBS.: Segundo o art. 126 do CTN, a capacidade tributária passiva independe: da capacidade civil das pessoas naturais; de achar-se a pessoa natural sujeita a medidas que importem privação ou limitação do exercício de atividades civis, comerciais ou profissionais; ou de estar a pessoa jurídica regularmente constituída, bastando que configure uma unidade econômica.

Além dos sujeitos ativo e passivo, a relação tributária é composta do fato gerador, base de cálculo e alíquota. Fato gerador da obrigação é a situação definida em lei como necessária e suficiente à sua ocorrência (CTN, art. 114). O tributo decorre de lei, que estipula um fato lícito qualquer como passível de gerar uma obrigação tributária. A base de cálculo e a alíquota quantificam o tributo e permitem a fixação do valor efetivamente devido ao Fisco.

Os princípios constitucionais tributários servem não apenas para nortear a atividade estatal na sua função de tributar, mas também funcionam como seu freio, impondo-lhe limite em relação aos contribuintes, propiciando equilíbrio na vida social. O poder fiscal consiste na faculdade que o Estado possui de criar tributos e exigi-los das pessoas que se encontram dentro do âmbito de sua soberania territorial, para atender às necessidades públicas.

Princípios	Características	Previsão legal
Capacidade contributiva	Os impostos terão caráter pessoal e serão graduados segundo a capacidade econômica do contribuinte, que é a qualidade do indivíduo que o capacita a dispor de parte do seu patrimônio em favor das necessidades coletivas	CF/88, art. 145, § 1º.

Capítulo 4 – Noções de direito tributário e legislação tributária

Princípios	Características	Previsão legal
Estrita legalidade	Tributos só podem ser instituídos ou aumentados mediante expedição de lei, a qual deve definir o fato gerador, a base de cálculo e o contribuinte do tributo.	CF/88, art. 150, I; CTN, art. 97.
Anterioridade	A vigência da lei que institui ou aumenta o tributo só ocorre no ano seguinte ao exercício financeiro em que este foi criado, e depois de 90 dias da publicação da lei. Exceções: Impostos de importação e exportação, IPI, IOF e impostos extraordinários.	CF/88, art. 150, III.
Irretroatividade tributária	A lei não deve abranger situações passadas para prejudicar o contribuinte, vale apenas no momento da ocorrência do fato gerador. Exceção: multas com valor reduzido, que devem retroagir para beneficiar o contribuinte.	CF/88, art. 150, III, a; CTN, art. 106, II, c.
Igualdade tributária	É vedado instituir tratamento desigual entre contribuintes que estejam em situações equivalentes, são proibidas distinções em razão de ocupação profissional ou função.	CTN, art. 150, II.
Proibição de tributo com efeito de confisco	É vedada a instituição de tributos exacerbados, o Estado está impedido de absorver, total ou parcialmente, o patrimônio do particular.	CF/88, art. 150, IV.
Não limitação ao tráfego	Veda tributação ao tráfego de pessoas ou bens por meio de tributos interestaduais e intermunicipais, ressalvada a cobrança de pedágio pela utilização de vias conservadas pelo poder publico.	CF/88, art. 150, V.
Uniformidade geográfica	É imperativo que os tributos instituídos pela União sejam uniformes em todo o território nacional. Exceções: incentivos fiscais específicos para promoção do equilíbrio entre diferentes regiões.	CF/88, art. 151, I.
Não cumulatividade	É aplicável no IPI, no ICMS e em eventuais impostos que vierem a ser criados pela União, na sua competência residual. Na apuração contábil, o imposto a ser pago é lançado como débito, e o que já foi pago nas operações anteriores é lançado como crédito; a diferença entre esses débitos e créditos é que deve ser recolhida em determinado período, proibindo-se a "tributação em cascata".	CF/88, art. 153, § 3º, II.

Princípios	Características	Previsão legal
Vedação de distinção em razão de procedência ou destino	É vedado aos Estados, ao DF e aos Municípios estabelecer diferença tributária entre bens e serviços de qualquer natureza, em razão de sua procedência ou destino.	CF/88, art. 152.

Em adição aos princípios elencados, observa-se que o legislador constituinte estipulou outros obstáculos para limitar a competência atribuída aos entes políticos, impedindo que a norma tributária relacionada aos impostos (tributos não vinculados) incida sobre alguns fatos e situações. Trata-se das **imunidades tributárias** (CF/88, art. 150, VI), que dispensam o recolhimento do tributo e abrangem:

a) entes tributantes (federativos) não podem instituir impostos sobre patrimônio, renda ou serviços uns dos outros (imunidade recíproca);

b) templos de qualquer culto;

c) sobre patrimônio, renda ou serviços dos partidos políticos, inclusive suas fundações, das entidades sindicais dos trabalhadores, das instituições de educação e de assistência social, sem fins lucrativos, atendidos os requisitos da lei;

d) livros, jornais, periódicos e o papel destinado à sua impressão.

OBS.: *isenção tributária* é forma de exclusão do crédito tributário. Deriva de lei ordinária ou complementar que, ao criar o tributo, exclui expressamente certos casos, pessoas ou bens. O fato gerador da obrigação ocorre, mas a lei dispensa seu pagamento. *Anistia*: exclusão do crédito tributário no que tange a tributos ou penalidades, atingindo apenas infrações cometidas antes da vigência da lei que a concede. *Não incidência*: não ocorre o fato gerador de tributo, sendo que a lei não tipificou como tributável um determinado fato ou situação.

4.2. COMPETÊNCIA TRIBUTÁRIA

A competência tributária refere-se à aptidão para criar tributos, e cada entidade política deverá respeitar os limites das atribuições para si definidas no bojo da Constituição. A competência tributária é indelegável, embora seja possível a um ente público atribuir a outro a função de arrecadar ou fiscalizar tributos e executar leis, serviços, atos ou decisões em administrativas em matéria tributária.

As competências podem ser assim classificadas:

a) **Competência privativa:** poder dos entes federativos para criar os impostos taxativamente previstos na CF/88. Cada um poderá livremente exercer tal faculdade, sem a possibilidade de outro ente de federação vir a tributar o mesmo fato econômico.

b) **Competência comum:** duas ou mais entidades políticas recebem poderes para instituir um mesmo tributo (taxas e contribuições de melhoria). É atribuída aos três entes políticos indistintamente, de modo que todos possam exercitá-la.

c) **Competência residual:** atribuída exclusivamente à União para instituir tributos não cumulativos, sem qualquer similaridade com os demais discriminados no texto constitucional com fato gerador novo e nova base de cálculo. A União poderá instituir, por meio de lei complementar, outras contribuições sociais, visando expandir a seguridade social, observado o art. 154, I da CF (art. 195, §4º da CF).

d) **Competência cumulativa:** possui a União poder de instituir nos territórios federais, os impostos estaduais e, caso o território não seja dividido em municípios, os impostos municipais. Ao DF, cabe instituir impostos municipais, pois não pode ser fracionado em municípios (CF/88, art. 147).

e) **Competência extraordinária:** cabe à União instituir outros impostos em caso de guerra, compreendidos ou não em sua competência (CF/88, art. 154, II).

4.2.1. Competências da União (CF/88, arts. 153, 154, 145, 148, 149 e 195):

a) **II** – Imposto de Importação (fato gerador: entrada de mercadoria no país) e **IE** – Imposto de Exportação (fato gerador: saída de mercadoria do país): faculta-se ao poder executivo alterar a alíquota nos limites legais, não sendo preciso observar o princípio da anterioridade;

b) **IR** – Imposto de Renda (fato gerador: disponibilidade econômica ou jurídica de renda ou proventos de qualquer natureza): informado pelos critérios da generalidade, universalidade, progressividade e capacidade contributiva;

c) **IPI** – Imposto sobre Produtos Industrializados (fato gerador: desembaraço / saída de produtos/ arrematação): é facultado ao poder executivo alterar a alíquota nos limites legais;

d) **IOF** – Imposto sobre Operações Financeiras (fato gerador: operações financeiras envolvendo crédito, câmbio, seguro, títulos e valores mobiliários);

e) **ITR** – Imposto sobre a Propriedade Territorial Rural (fato gerador: propriedade em zona rural): suas alíquotas incidem de modo a desestimular a manutenção de propriedade improdutiva. Não recai sobre pequenas glebas de uma mesma família;

f) **IGF** – Imposto sobre Grandes Fortunas;

g) **Impostos Residuais** – mediante lei complementar, não cumulativos e que não tenham fato gerador ou base de cálculo próprios de outros tributos;

h) **IEG** – Imposto Extraordinário de Guerra, compreendido ou não na sua competência, na iminência ou caso de guerra externa, devendo ser suprimido gradativamente no máximo em 5 anos contados da celebração da paz;

i) **Taxas** – em função do exercício de poder de polícia e pela utilização do serviço público;

j) **Contribuição de Melhoria** – em função da realização de obra pública;

k) **Empréstimo Compulsório** – em função de despesas extraordinárias decorrentes de calamidade pública, iminência ou caso de guerra externa, ou investimento público de relevante interesse social;

l) **Contribuição Social** – interventivas, corporativas e previdenciárias.

4.2.2. Competências dos Estados e do DF (CF/88, art. 155):

a) **ICMS** – Imposto sobre a circulação de mercadoria e prestação de serviços de transporte, comunicação e operações que se iniciem no exterior;
b) **ITCMD** – Imposto de transmissão *causa mortis* e doação de quaisquer bens e direitos;
c) **IPVA** – Imposto sobre a propriedade de veículos automotores;
d) Contribuição para custeio de regime próprio de previdência e assistência social de seus servidores;
e) **Taxa** – exercício de poder de polícia e utilização de serviço público;
f) **Contribuição de Melhoria** – realização de obra pública.

4.2.3. Competência dos Municípios (CF/88, art. 156):

a) **IPTU** – Imposto sobre propriedade predial e territorial urbana;
b) **ITBI** – Imposto sobre transmissão *inter vivos*, a qualquer título, por ato oneroso, de bens imóveis, por natureza ou acessão física, e de direitos reais sobre imóveis, exceto os de garantia, bem como cessão de direitos a sua aquisição;
c) **ISS** – Imposto sobre serviço de qualquer natureza;
d) Contribuição para custeio de regime próprio de previdência e assistência social de seus servidores;
e) **Taxa** – exercício de poder de polícia e utilização de serviço público;
f) **Contribuição de Melhoria** – realização de obra pública.

4.3. RECEITAS PÚBLICAS E TRIBUTOS

O Estado, além de suas atividades políticas, sociais, econômicas, administrativas, educacionais, dentre outras, também exerce uma atividade financeira, visando à obtenção, administração e o emprego dos recursos patrimoniais auferidos. A atividade financeira abrange questões pertinentes à: a) receita: obtenção de recursos; b) despesa: emprego de recursos; c) gestão: administração e conservação do patrimônio público. O Estado deve observar o princípio da estrita legalidade.

Os tributos são importante fonte de receita estatal (considerada como o ingresso de dinheiro nos cofres públicos), porém não a única. As receitas podem ser extraordinárias – auferidas nas hipóteses de anormalidade (Ex.: imposto extraordinário) ou ordinárias – de entrada regular, periódica (Ex.: receitas previstas no orçamento); originárias – oriundas do patrimônio do Estado (Ex.: locação de imóveis próprios, venda de bens públicos) ou derivadas – advêm de constrangimento do patrimônio particular (Ex.: cobrança de tributos, multas, reparações); transferidas – repassadas por outro ente político que as arrecadou, pelo sistema de cobrança de tributos, preços públicos ou tarifas; contratuais – derivam de um ajuste (Ex.: compra e venda) ou obrigatórias – arrecadadas de forma vinculada e compulsória, como é o caso da cobrança de tributos. Seu pagamento decorre da lei e não de contrato voluntário. Existem outros tipos de receitas captadas pelo Estado, como aquelas advindas da exploração de ramos de atividade econômica (instituições bancárias, indústrias etc.) e na cobrança por atividade de interesse coletivo (Correios etc.). É por meio do orçamento que o Estado demonstra as contas públicas para um determinado período, discrimina receitas e despesas, estabelece a política econômico-financeira e o programa de trabalho do governo, observando os princípios legais pertinentes.

A tributação possui grande importância, pois o Estado não apenas a utiliza como meio de obter recursos financeiros, mas também para interferir na esfera econômica, estimulando determinados setores, incentivando o desenvolvimento regional, protegendo a indústria nacional e redistribuindo renda. É o instrumento utilizado para realizar os fins sociais do Estado e alcance de seus objetivos fundamentais, consistentes na construção de uma sociedade livre, justa e solidária, como preconiza a Carta Magna.

Todavia, pondera Hugo de Brito Machado (2010) que é importante que a carga tributária não se torne pesada a ponto de desestimular a iniciativa privada, o que, no entendimento do autor, vem ocorrendo no Brasil. O Estado revela-se perdulário, privilegia poucos em detrimento da maioria e deixa a desejar em termos de qualidade dos serviços públicos, como educação, segurança e saúde, afora grande parte dos recursos arrecadados escorrerem pelo ralo da corrupção.

De acordo com o art. 3º do CTN, "tributo é toda prestação pecuniária compulsória, em moeda ou cujo valor nela se possa exprimir, que não constitua sanção de ato ilícito, instituída em lei e cobrada mediante atividade administrativa plenamente vinculada".

A natureza jurídica do tributo é determinada pelo fato gerador, sendo irrelevantes para qualificar a sua natureza jurídica a denominação e demais características formais adotadas pela lei, ou a destinação legal do produto de sua arrecadação (CTN, art. 4º). Exemplificando: embora a taxa de pavimentação seja rotulada como "taxa", refere-se, na verdade, a uma contribuição de melhoria; desta forma, imposto é imposto se tiver fato gerador característico de imposto, e não de taxa ou contribuição.

O tributo deve ser pago em dinheiro, porém é possível que o crédito tributário também seja extinto com a dação em pagamento de bem imóvel (CTN, art. 157 a 169). É prestação obrigatória, e o contribuinte deve a ele se submeter independentemente de sua vontade. Não possui caráter de sanção, ou seja, não se confunde com multa, a qual se origina da prática de ato ilícito ou do descumprimento de uma obrigação principal. As sanções de atos ilícitos, mesmo pecuniárias, não são tributos, por se revestirem de caráter punitivo. O tributo é pago no cumprimento de um dever legal, ao passo em que a multa pressupõe a transgressão de um mandamento legal ou o inadimplemento de uma obrigação.

Por força do princípio da legalidade, o tributo é instituído por lei (embora seja possível criar e aumentar impostos por meio de medidas provisórias, ressalvados os tributos instituídos por lei complementar). Para que o tributo seja exigido com legitimidade, faz-se necessário que a lei o estabeleça com antecedência ao fato que originou a cobrança exercida pelo Estado, ou seja, sem prévia determinação legal, não existe tributo. A cobrança do tributo é feita mediante ato vinculado (deriva da lei, e não da discricionariedade do poder público) denominado lançamento (CTN, art. 142). Cabe à Fazenda Pública lançar o tributo, e esta atividade administrativa é vinculada e obrigatória, sob pena de responsabilidade funcional, não havendo espaço para arbitrariedades.

Esclarece Sérgio Pinto Martins (2010) que o lançamento consiste em procedimento administrativo pelo qual o agente fiscal verifica a ocorrência do fato gerador da obrigação, determina a matéria tributável, calcula a soma devida, identifica o sujeito passivo e constitui, assim, o crédito tributário.

4.3.1. modalidades de lançamento:

a) **Por declaração** (CTN, art. 147): o contribuinte presta as informações sobre fatos ao Fisco para que o lançamento do crédito tributário seja efetuado (Ex.: Imposto de Renda, Imposto de Importação).

b) **De ofício** (CTN, art. 149): ocorre por força da própria fiscalização e não por iniciativa do contribuinte (Ex.: IPTU). Verifica-se nos seguintes casos: por determinação legal; falta de declaração devida por quem de direito nos prazos e formas da lei; falsidade, erro ou omissão quanto a elementos de declaração obrigatória; omissão ou inexatidão por parte da pessoa obrigada; ação ou omissão do contribuinte ou terceiro que gere aplicação de penalidade; dolo, fraude ou simulação pelo sujeito passivo ou terceiro em seu benefício; fraude ou falta funcional da autoridade que efetuou o lançamento anterior.

c) **Por homologação** (CTN, art. 150): o contribuinte paga antecipadamente o tributo, sem prévio exame do Fisco, que posteriormente verifica e homologa, ou não, o lançamento (Ex.: ICMS).

Uma vez lançado o crédito tributário, está autorizada a Fazenda Pública a exigi-lo, pois surge o direito para o credor de postular o objeto da obrigação constituída. Contudo, existem situações em que esta exigibilidade fica temporariamente suspensa, aguardando eventual extinção. Ressalte-se que o que se suspende é a exigibilidade, e não o crédito em si.

São causas de suspensão da exigibilidade do crédito tributário (CTN, art. 151):

a) a moratória (dilação do prazo para cumprir a prestação);
b) o depósito integral do montante devido;
c) reclamações e recursos, nos termos legais, do processo tributário administrativo;
d) concessão de liminar em mandado de segurança;
e) concessão de liminar ou tutela antecipada em ações judiciais;
f) parcelamento (salvo disposição legal, este não exclui a incidência de juros e multas).

O crédito tributário extingue-se nas seguintes situações (CTN, art. 156): pagamento; compensação; transação; remissão (perdão da dívida); prescrição e decadência; conversão do depósito em renda; pagamento antecipado e homologação do lançamento; consignação do pagamento (depósito em juízo); decisão administrativa definitiva que não possa ser objeto de ação anulatória; decisão judicial que transitou em julgado; dação em pagamento de bem imóvel.

De acordo com o disposto no CTN, art. 186, o crédito tributário prefere a qualquer outro, seja qual for sua natureza ou o tempo de sua constituição, ressalvados os créditos oriundos de legislação trabalhista ou acidente do trabalho. De acordo com a nova Lei de Falências, o crédito tributário não prefere os créditos derivados da legislação do trabalho até o limite de 150 salários-mínimos por credor e os decorrentes de acidente de trabalho, nem os créditos com garantia real até o limite do valor do bem gravado (Lei nº 11.101/2005, art. 83).

4.4. IMPOSTOS, TAXAS E CONTRIBUIÇÕES

O imposto é um tributo não vinculado, ou seja, a obrigação tem por fato gerador uma situação que independe de qualquer atividade estatal específica (CTN, art. 16). Ele se refere às atividades da esfera privada do contribuinte, bastando que este realize o fato gerador previsto em lei para a incidência do tributo. Se, por exemplo, determinada pessoa aufere rendas e proventos de qualquer natureza, enquadra-se na determinação legal de recolher o IR – Imposto de Renda, sem que haja qualquer contrapartida do Estado em função deste recolhimento. A finalidade dos impostos é custear despesas públicas gerais, que alcançam toda a coletividade indistintamente. Ressalte-se que estes só podem ser criados por lei, encontrando-se descritos de modo taxativo na Constituição.

Por seu turno, as taxas são tributos vinculados, pois têm por fato gerador podem ser criados por lei, encontrando-se descritos de modo taxativo na Constituiçdeterminaçisto em lei para a inciduma atividade estatal específica. Esclarece o legislador que as taxas decorrem do exercício regular do poder de polícia do Estado, ou da utilização, efetiva ou potencial, de serviço público específico e divisível, prestado ao contribuinte ou posto à sua disposição (CTN, art. 77). Essa espécie de tributo refere-se, portanto, a atividades públicas prestadas ao contribuinte. Sua finalidade é custear estas atividades que só podem ser prestadas pelo poder público, embora seja possível delegá-las a terceiros.

A taxa de polícia decorre de atividade administrativa que limita ou disciplina direito, interesse ou liberdade, regulando a prática de ato ou abstenção de fato, tendo em vista interesse público relativo à segurança, saúde, higiene, ordem, costumes, disciplina da produção e do mercado, tranquilidade pública, respeito à propriedade e direitos individuais e coletivos (CTN, art. 78). Exemplos: alvarás, vistorias, licenças, fiscalização ambiental etc.

A taxa de serviço pressupõe serviço efetivamente prestado ao contribuinte, ou posto à sua disposição, ainda que este não o utilize (ex.: taxa de coleta de lixo, taxa de iluminação pública). Serviço específico é aquele que pode ser destacado em unidades autônomas de intervenção, utilidade ou necessidade públicas, sendo quantificável. Serviço divisível é o que pode ser prestado ao contribuinte em parcelas individualmente utilizadas, separáveis por usuário. As taxas não poderão ter base de cálculo própria de impostos (CF/88, art. 145, § 2º).

OBS.: Taxas não se confundem com tarifas. Taxas são tributos, decorrem de lei, são compulsórias e referem-se a atividades essenciais. Tarifas decorrem de ajustes de vontade (contratos), em que há liberdade de contratar, e não possuem caráter de essencialidade. Ex.: tarifa de ônibus.

As contribuições de melhoria, previstas no artigo 81 do CTN, são tributos destinados ao custeio de obra pública que acarrete valorização para o imóvel do proprietário beneficiado (ex.: asfaltamento, arborização, esgotos pluviais, construção de parques, construção de sistemas de trânsito etc.). Deve-se notar que, sem a referida valorização (fato gerador), não é exigível o tributo. A cobrança deve ater-se ao limite total da despesa realizada pelo poder público, não ultrapassando, na esfera de limite individual, o valor do acréscimo proporcionado pela obra para cada imóvel beneficiado, sob pena de enriquecimento sem causa do Estado.

Além dos três tipos de tributos anteriormente abordados, a doutrina e a jurisprudência também elencam os empréstimos compulsórios e as contribuições parafiscais como espécies tributárias. O empréstimo compulsório encontra previsão legal na Constituição Federal, que estipula em seu artigo 148 que a União, mediante lei complementar, poderá instituir empréstimos compulsórios para atender despesas extraordinárias decorrentes de calamidade pública, guerra externa ou sua iminência; ou de investimento público urgente e de relevante interesse nacional (neste caso, desde que observado o princípio da anterioridade), estando a aplicação de tais recursos vinculada à despesa que gerou sua instituição. O empréstimo deve ser restituído na mesma espécie em que foi recolhido.

As contribuições parafiscais decorrem da delegação de capacidade tributária ativa para arrecadar e fiscalizar um tributo por um ente que detém a competência para institui-lo. Estas contribuições podem ser: a) interventivas, onde o Estado interfere em atividades econômicas com intuito regulatório (Ex.: FGTS, CIDE – combustível); b) profissionais, para aporte de recursos aos órgãos fiscalizadores de categorias econômicas ou profissionais (Ex.: OAB, CREA, contribuição sindical compulsória); c) social-previdenciárias, para fonte de custeio da seguridade social (PIS, COFINS).

4.5. QUESTÕES DE EXAMES

01. (CONTADOR – 1º/2001) As modalidades de lançamento do crédito tributário são, EXCETO:

a) De ofício.
b) Por auto de infração.
c) Por declaração.
d) Por homologação.

Resolução

A resposta correta é a alternativa "b", de acordo com os arts. 147 e 150 do Código Tributário Nacional.

02. (TÉCNICO – 1º/2002) Determina a natureza jurídica específica do tributo:

a) A denominação e as demais características formais.
b) O fato gerador da respectiva obrigação.
c) A classificação do tributo na Secretaria da Receita.
d) A destinação legal do produto da sua arrecadação.

Resolução

A resposta correta é a alternativa "b", segundo o art. 4º do Código Tributário Nacional.

03. (TÉCNICO – 2º/2002) A imunidade constitucional das instituições de educação sem fins lucrativos refere-se a:

a) Apenas taxas.
b) Impostos e contribuições.
c) Impostos, taxas e contribuições.
d) Apenas impostos.

Resolução

A resposta correta é a alternativa "d", de acordo com o art. 150 do Código Tributário Nacional.

04. (TÉCNICO – 2º/2002) Tributo cuja obrigação tem por fato gerador uma situação independente de qualquer atividade estatal específica relativa ao contribuinte é:

a) A taxa.
b) O imposto.
c) A contribuição de melhoria.
d) A contribuição provisória.

Resolução

A resposta correta é a alternativa "b", em conformidade com o art. 16 do Código Tributário Nacional.

05. (CONTADOR – 2º/2003) Assinale a alternativa INCORRETA.

a) Taxa é um tributo não vinculado, eis que, para sua exigência, independe de qualquer atividade estatal específica relativa ao contribuinte.
b) Taxa é um tributo que pode ser instituído pela utilização, efetiva ou potencial, de serviços públicos específicos e divisíveis, prestados ao contribuinte ou postos a sua disposição.
c) Taxa é um tributo vinculado, eis que, para a sua exigência, é necessária atividade estatal específica relativa ao contribuinte.
d) Taxa é um tributo que pode ser instituído em razão do exercício do poder de polícia.

Resolução

A resposta correta é a alternativa "a", segundo o disposto no art. 145 da Constituição Federal e nos arts. 77 e 78 do Código Tributário Nacional.

06. (CONTADOR – 2º/2003) Crédito tributário tem privilégio sobre qualquer outro, ressalvados os créditos:

a) Bancários.
b) Fornecedores.
c) Quirografários.
d) Trabalhistas.

Resolução

A resposta correta é a alternativa "d", segundo o art. 186 do Código Tributário Nacional.

07. (CONTADOR – 2º/2003) Extingue-se o crédito tributário, EXCETO:

a) Pelo parcelamento.
b) Pelo pagamento.
c) Pela prescrição e decadência.
d) Pela conversão de depósito em renda.

Resolução

A resposta correta é a alternativa "a", de acordo com o art. 156 do Código Tributário Nacional.

08. (TÉCNICO – 2º/2003) O Poder Executivo pode, atendidas às condições e aos limites estabelecidos em lei, alterar as alíquotas dos impostos, EXCETO do:

a) Imposto de renda e proventos de qualquer natureza.
b) Imposto sobre importação de produtos estrangeiros.
c) Impostos sobre produtos industrializados.
d) Impostos sobre operações de crédito, câmbio e seguro, ou relativas a títulos ou a valores mobiliários.

Capítulo 4 – Noções de direito tributário e legislação tributária 91

Resolução

A resposta correta é a alternativa "a", de acordo com o art. 153 da Constituição da República Federativa do Brasil.

09. (TÉCNICO – 2º/2003) Em relação às taxas, podemos afirmar que:

a) A instituição é matéria reservada à lei complementar.
b) Não constitui espécie de tributos.
c) Pode ser cobrado sem que a lei defina o fato gerador deste tributo.
d) Não podem ter base de cálculo ou fato gerador igual ao imposto.

Resolução

A resposta correta é a alternativa "d", segundo o art. 77 do Código Tributário Brasileiro.

10. (TÉCNICO – 2º/2003) As formas legais de exclusão do crédito tributário são:

a) Isenção e anistia.
b) Prescrição e decadência.
c) Imunidade e isenção.
d) Anistia e imunidade.

Resolução

A resposta correta é a alternativa "a", conforme o disposto no art. 175 do Código Tributário Nacional.

11. (CONTADOR – 1º/2004) É tributo municipal o imposto sobre:

a) Operações de crédito, câmbio e seguro, ou as relativas a títulos ou a valores mobiliários.

b) Propriedade territorial rural e transações de títulos mobiliários.
c) Transmissão *causa mortis* e doação de quaisquer bens ou direitos.
d) Transmissão *inter vivos*, a qualquer título, por ato oneroso, de bens imóveis.

Resolução

A resposta correta é a alternativa "d", segundo o art. 156 da Constituição da República Federativa do Brasil.

12. (CONTADOR – 1º/2004) A lei que determina o cancelamento de certos créditos tributários até determinado valor, inscritos em Dívida Ativa, trata de:

a) Remissão.
b) Prescrição.
c) Moratória.
d) Isenção.

Resolução

A resposta correta é a alternativa "a", conforme o art. 156 do Código Tributário Brasileiro.

13. (TÉCNICO – 1º/2004) A imunidade tributária está prevista:

a) Na Constituição Federal.
b) No Código Tributário Nacional.
c) Nas leis federais e estaduais.
d) Somente nas leis federais.

Resolução

A resposta correta é a alternativa "a", segundo o disposto no art. 150 da Constituição da República Federativa do Brasil.

14. (TÉCNICO – 1º/2004) A obrigação tributária principal surge com a:

a) Constituição definitiva do crédito tributário.
b) Inscrição do crédito tributário em dívida ativa.
c) Lavratura do auto de infração.
d) Ocorrência do fato gerador.

Resolução

A resposta correta é a alternativa "d", de acordo com o art. 113 do Código Tributário Nacional.

Referências

BRANCATO, Ricardo Teixeira. *Instituições de Direito Público e Privado*. 13. ed. rev. e atual. São Paulo: Saraiva, 2009.

CARVALHO, Paulo de Barros. *Curso de Direito Tributário*. 17. ed. São Paulo: Saraiva, 2005.

COELHO, Fábio Ulhoa. *Manual de direito comercial: direito de empresa*. 22. ed. São Paulo: Saraiva, 2010.

COTRIM, Gilberto Vieira. *Direito Fundamental: instituições de direito público e privado*. São Paulo: Saraiva, 2009.

DANTAS, Paulo Roberto de Figueiredo. *Direito Constitucional*. Série leituras jurídicas: provas e concursos. 2. ed. São Paulo: Atlas, 2005.

DINIZ, Maria Helena. *Compêndio de Introdução à Ciência do Direito*. 19. ed. São Paulo: Saraiva, 2010.

DOWER, Nelson Godoy Bassil. *Instituições de direito público e privado*. 13. ed. São Paulo: Saraiva, 2006.

FÜHRER, Maximilianus Cláudio Américo *et al*. *Manual de direito público e privado*. 17. ed. rev. e atual. São Paulo: Editora Revista dos Tribunais, 2009.

MACHADO, Hugo de Brito. *Introdução ao estudo do direito*. 2. ed. São Paulo: Atlas, 2004.

_____. *Curso de Direito Tributário*. 31. ed. São Paulo: Malheiros, 2010.

MAMEDE, Gladston. *Manual de direito empresarial*. 4. ed. São Paulo: Atlas, 2009.

MARTINS, Sergio Pinto. *Instituições de direito público e privado*. 10. ed. São Paulo: Atlas, 2010.

NASCIMENTO, Amauri Mascaro. *Introdução ao Direito do Trabalho*. 35. ed. São Paulo: LTr, 2009.

PINHO, Rui Rebelo et al. *Instituições de direito público e privado: introdução ao estudo do direito, noções de ética profissional*. 24. ed. São Paulo: Atlas, 2009.

REALE, Miguel. *Lições preliminares de Direito*. 27. ed. São Paulo: Saraiva, 2010.

SABBAG, Eduardo de Moraes. *Direito Tributário*. 7. ed. São Paulo: Prima Cursos Preparatórios, 2005.

VADE MECUM. 11. ed. atual. ampl. São Paulo: Saraiva, 2011.